岐阜新聞
連載コラム

口笛と分水嶺

山本　耕

もくじ

◇2012(平成24)年

第一章

口笛

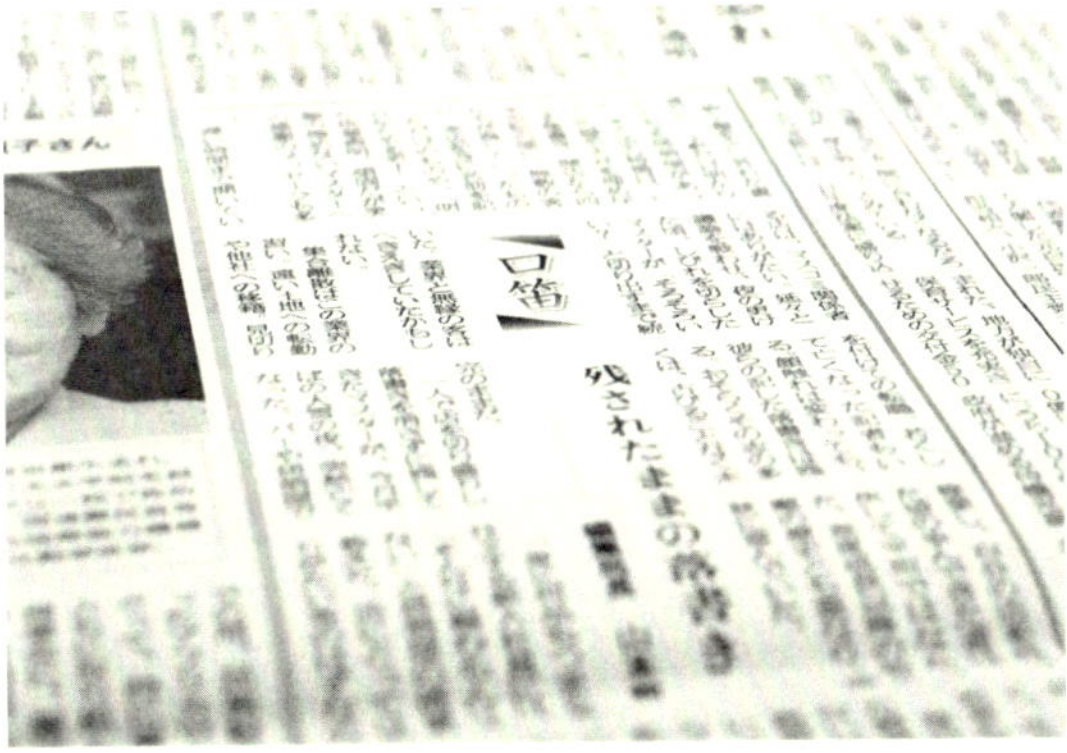

残されたままの落書き

（2011年1月29日）

柳ケ瀬を少し外れた裏通りに、1軒だけ明かりのともる居酒屋があった。その店の特徴は、トイレの壁や天井を埋め尽くす落書き。開店から四半世紀の間に、無数の客たちが残していったものだ。来店記念に名前を記しただけのものや、「明日からやるぞ！」といった決意表明。頑固だが笑顔の憎めないマスターへの感謝のメッセージも多い。

遅い時間まで開いている店は、マスコミ関係者にはありがたい。延々と議論を戦わせ、夜の更けた頃、しびれを切らしたマスターが「そろそろいい？」と切り出すまで続いた。業界と無縁の客はへきえきしていたかもしれない。

集合離散はこの業界の習い。遠い土地への転勤や他社への移籍。見切りを付けての転職。若くして亡くなった記者もいる。顔触れは変わっても、彼らの記した落書きは残る。おそらくその志の多くは、古びることなく未完のままだ。

1人で店を切り盛りし落書きを消さずに残してきたマスターが、今月半ばの大雪の夜、突然亡くなった。バーや居酒屋で修業し、自分の店を持った彼の歩んできた道は、決して平坦ではなかった。高度成長以降の柳ケ瀬の歴史とも重なり、春秋に富んでいた。

一度に何品もつまみを注文する新入社員には、「そんなに頼むもんじゃない」と居酒屋の流儀を教えた。店にとってはありがたい客のはずなのだが。酒の飲み方だけでなく、生き方を教えられた若者も多いだろう。

身内だけで執り行われた葬儀。別れを言う間もない突然の店じまいで、路頭に迷った常連たち。いつでも行けると、しばらく足が遠のいていた。あの落書きをもはや見ることができないのが悔しい。

◇

つらい話題でスタートしたこのコラム。週末に掲載します。

つながり取り戻したい（2011年2月5日）

昨年末からスタートした長期連載「トンネルの向こう　限界からの地域再生」は、旧高根村（高山市高根町）と岐阜市柳ケ瀬を軸に、ルポルタージュ風に展開する。山間過疎地と空洞化の進む中心市街地。2人の女性記者による手探りの取材が続いている。

どんなところかと、高根を訪れた。市役所の支所のある上ケ洞地区で、1人暮らしのお年寄りが冬場に共同生活する「のくとい館」などを見学。積雪量は高山市中心部とさほど変わらない。

標高1300メートルの野麦地区へ、雪道を車で上がってゆく。降った粉雪が風に吹き上げられる吹雪の中、小1時間掛けて着いた集落は、1メートル以上の積雪の中。野麦峠まではまだ5、6キロある。明治大正期に信州の製糸工場へ働きに出た少女たちは、正月休みの里帰りにこの雪道を踏破したのだろうか。

案内してくれた旧高根村時代からの市職員は「三つあった学校もなくなってしまったが、私たちは希望を捨てない。限界集落という言葉は地域切り捨てのための用語に聞こえるので、絶対使ってほしくない」という。

「無縁社会」という造語をよく耳にするが、もとはNHKのキャンペーン報道番組のタイトル。番組内でこんなエピソードが紹介されていた。

中年男性が都会のアパートの一室で孤独死していた。留守番電話に残された何件ものメッセージ。再生すると、すべて遠く離れた北海道の姉からのもの。「トウモロコシ送ったけど、受け取れた?」「返事がないけど元気なの?」。床に倒れて亡くなっている弟には届くはずもない。その光景を思うと胸が詰まる。

山間地、中心市街地を問わず無縁社会化の進む日本で、人と人とのつながりを取り戻し、人間らしく幸せに暮らしてゆけるか。わが社の連載の底を流れるテーマだと思っている。

野球帽と名古屋弁と（2011年2月12日）

うろ覚えだが、こんな歌があった。

「仲間、仲間、名古屋の仲間に僕も入れてもらったよ。仲間、仲間、名古屋の仲間は素敵な仲間」

調べてみると、「拝啓ここは名古屋です」というタイトル。NHK名古屋放送局が中心となり、1985（昭和60）年ごろに「愛知・名古屋マイソング」として公募したうちの1曲。優秀作を番組の間などに流していた。名古屋に引っ越してきた小学生が、祖父母に宛てた手紙という設定だった。

転校先の学校ではすぐに友達ができたけれど、野球の話になるとけんかになる、といった内容で、冒頭に掲げたサビのフレーズへと続く。

繰り返し流されたが、しばらくして、名古屋の仲間に「入れてもらった」という部分を誰かが問題視したと記憶している。背景の映像には、おそろいの地元球団の帽子を被った子どもたちの中で、1人だけ他地区の球団の帽子の子が出てきた。

名古屋の排他的気質、いわゆる名古屋モンロー主義と重ね合わせて批判されたのか、ほどなくぷっつり聴かなくなった。

地元球団の帽子を被り名古屋弁で演説する河村たかし市長を見ると、その歌を思い出す。他地区からの流入人口も多い大都市・名古屋の市長が、わざとらしいほどの名古屋弁を公の場で強調するのには違和感がある。排他的、独善的だと受け止められないか。

これまでの歴史を見ても、ナショナリズム（民族主義）の熱狂をあおる政治手法は、しばしば国を危うい方向へと導く。ローカリズム（地域主義）もまた同様だろう。市民の圧倒的支持を得て当選した河村市長が、来月の出直し選で選ばれる市議会とどう折り合いを付け、市政を進めるのか。注目し続けたい。

そして、転校生たちの試練は今後も続きそうだ。

落語会の仕掛け人

（2011年2月19日）

岐阜市は落語の祖とされる安楽庵策伝の生誕地。「笑いと感動のまちづくり」を掲げ、策伝の名を冠した全日本学生落語選手権が毎年開かれてきた。8回目のことしは今月26、27日に迫っている。

あえて言えば、アマのイベントはあくまで演じ手のためのもの。落語による地域振興というからには、プロによる良質の落語を聴かせる会は欠かせない。地道に続けられてきた会はあるものの、機会は多くなく、物足りなさを感じてきた。

地元出身の落語家を挙げてみる。まずテレビ草創期に人気を博した三笑亭夢楽（故人）。現役では力士出身の巨漢・三遊亭歌武蔵、真打も間近の柳家右太楼らが頑張っている。彼らをもっと生かせないか。

市内で先月開かれた「新春落語始　ぎふ名人会」には、柳家喬太郎、柳家三三、春風亭一之輔という東京落語の3人が出演した。JR岐阜駅に隣接する会場は、ほぼ満席。名古屋方面からの来場者も多かったようだ。

テレビの人気者らに頼らず、旬の実力派をそろえた主催者の心意気が落語ファンにはうれしい。しかも漫才や曲芸などの色物を挟まず、落語家3人が各2席という型破りの構成。落語ばかり3時間半では客がだれるのでは、と不安視された。

中入り前は「初天神」のようなおなじみの古典やにぎやかな新作を取り交ぜ、後半はバラエティに富む古典3席。トリを取った喬太郎の「文七元結」まで、飽きさせずたっぷり。野心的な試みは成功したようだ。

今回の仕掛け人は、県外から岐阜に移ってきて2年足らず。山県市の落語カフェを拠点に、県内各地で落語会を手掛け、実力のある若手や中堅を精力的に呼んでくれる。昨年夏には小学生らの高座を含む3日間の落語フェスティバルも開いた。既存の枠組みに捉われず、これからも面白い落語を聴かせてほしい。

パンドラの箱

（2011年2月26日）

「昨今の世の中を見ると、まるで誰かがパンドラの箱を開けてしまったような気がする」。隣県の地方紙の編集局長がぼやいた。先月の大雪で道路や鉄道がストップしたため一部地域への新聞配送が不能となり、岐阜県内を通過する大回りの末、1日半遅れで新聞を届けたという。「雪の多い県だが、こんなことは想定外だった」と。

パンドラの箱は、ギリシャ神話に出てくる寓話《ぐうわ》。人類最初の女性パンドラは、大神ゼウスから与えられた箱を好奇心から開けてしまう。ありとあらゆる災いが箱から飛び出し、世界中の人々を苦しめることになる。

今年に入ってからの主なニュースを挙げてみる。鳥インフルエンザ、新燃岳噴火、小沢氏強制起訴と民主内紛、大相撲八百長問題、愛知・名古屋トリプル投票、チュニジアに端を発した北アフリカ・中東各国の民主化ドミノ、そしてニュージーランド地震。

大雪以外にも2カ月足らずの間にこれだけのことが起こった。そしてその多くが今も進行中だ。

とりわけ、強権的・抑圧的国家でのインターネット・ツールを利用した民主化運動の急速な拡大を誰が予測しただろう。あの国だけはと思われたカダフィ大佐のリビアでさえ例外ではなかった。

国境なき記者団による世界報道自由ランキング2010年版によれば、北アフリカ・中東の民主化デモが起きている国で全178カ国中のワースト10に入っているのはイランとイエメンだけ。リビアは160位、ムバラク大統領が退陣したエジプトは127位だった。アジアの近隣諸国では北朝鮮がワースト2の177位、中国は171位となっている。

災いが世界に飛散した後、パンドラの箱にただ一つ残っていたのは、希望。民主化を求める民衆によるうねりは、さらに広がるだろうか。

（2011年3月5日）

街歩きの楽しみ

本紙連載企画「トンネルの向こう」の第3章柳ケ瀬・移ろい編には、多くの反響をいただいた。キャバレー、バー、映画館、百貨店など、輝きを放っていたころの柳ケ瀬の魅力を、当時を知る人に聞いて振り返る内容。読者の皆さんの柳ケ瀬の思い出と重なり合うところが多かったのではないだろうか。

今回取り上げることはできなかったが、銀ブラならぬ柳ブラの楽しみの一つとして、書店を回ることを挙げたい。街歩きには書店と喫茶店は欠かせない。香り高いコーヒーを前に、買ったばかりの本のページを開く。至福の時間であることは、植草甚一や池波正太郎のエッセーを挙げるまでもないだろう。

近年まで、神田町通りには老舗書店が何軒かあった。まず昭和初期創業の大衆書房。名物店主だった矢崎正治さんは出版にも力を入れ、多くの郷土関係書を刊行した。外商の店員さんたちは本に詳しく、長く同じ会社や学校に出入りしていた。2003(平成15)年に閉店。

自由書房旧本店は「東海一」とうたっていた大型店。参考書や漫画の2階、専門書の3階まで、じっくり回れば時間がいくらあっても足りないほど。待ち合わせにもよく利用された。2008(平成20)年に岐阜高島屋に機能を移す形で店を閉じた。

さらに、柳ケ瀬より少し北にあった古書の西垣書店も懐かしい。文学や歴史書が充実し、古書店らしい古書店だった。店主が亡くなり、カーテンを閉めたまま長く残っていた店舗も、今は駐車スペースに変わっている。

どの店も長く親しまれ、岐阜の文化の礎を担ってきただけに、惜しむ声は多かった。

昨年夏、自由書房旧本店の2階が「ふるほん書店」として再スタートした。品ぞろえも次第に充実してきた。街歩きの立ち寄りスポットの復活を、素直に喜びたい。

目を疑う光景（2011年3月12日）

目を疑う映像が流れた。仙台空港に津波が押し寄せ、滑走路を呑み込んで管制塔ビル付近にまで達した。空港の敷地には、見渡す限り荒涼として波立つ泥海が広がっていた。地図を見ると、海からは1キロ近く距離がある。高さ10メートルを記録した地域もあるという。その破壊力は想像を絶している。

岩手県宮古市では、寄せてから返す津波が車やコンテナを次々に海に引いていく。漁船は横倒しになり、岸壁に激突した。津波ばかりでなく、建物の倒壊や火災も起きている。かつて見たことのない光景が次々に映し出される。

同業を中心とした東北在住の知人たちの顔を、次々に思い浮かべる。おそらく無事だろうが、いまは報道に大わらわだろうと、携帯への連絡を思いとどまる。何か出来ることがあればと思うが、今は冷静に、自分たちの紙面づくりに専念しよう。

震源を遠く離れた都内でさえ、支社や記者クラブになかなか連絡が取れない。数が限られる災害時優先回線携帯からようやくつながり、記者の声が聞こえてきたときは胸をなでおろした。

都内にいるはずの子供2人とは、携帯メールで連絡がついた。電話よりメールのほうが断然つながりやすく、非常時の連絡手段として使えることを改めて実感した。

ニュージーランド地震の教訓を生かすいとまもないほどの急襲。マグニチュードは何度か上方修正され、8・8。これまで被害の最大級だった関東大震災の7・9をはるかに上回り、かつて経験したことのない規模だ。

現段階で、被害の全容はまったくつかめない。テレビカメラに映っていない内陸部が心配だ。阪神・淡路大震災の際に発揮された他人同士助け合う精神は、今回も生きるだろう。ともかく、人の被害が大きくならないことを祈る。

私たちはどこへ（2011年3月19日）

長くて重い1週間だった。3月11日。あの日を境に何かが変わってしまった。「幽明境を異《こと》にす」という言い方がある。あの世とこの世とに隔てられること、すなわち死に別れることを指す。こうして生きている私たちのほうが、見たこともない世界に迷い込んだかのようだ。

明るみに出た首相への外国人献金疑惑は吹っ飛び、予算案と関連法案をめぐる与野党の攻防は政治休戦。いつ倒れてもおかしくない瀬戸際だった菅政権の手に、戦後最大級の危機への対応が委ねられている。大震災は日本という国のありようを変えてしまった。

メディアが伝える被災者同士が助け合う姿には、各国から驚きと称賛の声が挙がっている。国内外から支援の手が差し伸べられ、本社の被災者救援義援金にも多くの善意が寄せられつつある。

一方で気になったのは、善意を装った携帯のチェーンメールやツイッターのデマ情報。いまどきのツールを使ってはいるが、手口は昔の不幸の手紙を思わせ、古典的だ。

イベントなどの自粛ムードも広がっている。今後の事態の推移が見通せない時点で、開催の是非を判断することは難しい。自粛も度を越せば社会全体がしぼんでしまう。あえて開催するという選択も、一つの見識だろう。

爆発した福島原発についての政府と東京電力の説明には、もどかしさといら立ちが募った。パニックを恐れてのことかもしれないが、情報隠しは避難の遅れなど最悪の結果を招きかねない。迅速で正確な情報開示の徹底をあらためて望みたい。

最後に、テレビで伝えられた救出劇を紹介する。震災3日目、壊れた3階建ての家から自衛隊によって助け出されたおじいさんの第一声。「大丈夫です。チリ津波も体験してるから。また再建しましょう」と。素晴らしい笑顔だった。

120年前の記憶

（2011年3月26日）


「火の中に倒れた肉親の遺体を探して泣き叫ぶ人々が各所に見られ（中略）戸板に横たわりうめきながら担がれていく人も後を絶たない。堤防から一望すると、荒野のように茫々《ぼうぼう》として、煙が上がるのが認められるだけである」

1891（明治24）年10月28日早朝、本巣市根尾を震源とするM8・0の直下型地震がこの地方を襲った。県内の死者は約5千人、全半壊および焼失した家屋は約9万戸とされる。朝食準備の時間だったため、いたるところで火災が発生して被害を大きくした。

冒頭の文章は11月2日付岐阜日日新聞（現岐阜新聞）号外2号から、笠松・竹鼻（現羽島市）両町の惨状を報じる部分を現代語訳した。

わが社も甚大な被害をこうむったようだ。1日に号外1号を発行するまで、地震から4日間の空白がある。同号の社告には、「社員には死者があり、庭で編集事務を行うが活字は散逸し」などと記され、先輩たちの苦闘ぶりが察せられる。

当時の記録写真を見ると、岐阜市や大垣市ではがれきと化した家屋跡や焼け野原が広がり、東日本大震災の被災地を思わせる。長良川の鉄橋は折れ曲がり、山県市高富には陥没地に川の水が流れ込んで湖が出来ている。

全国から医療関係者はじめ慈善団体などが多数来県し、救援活動を展開した。親を失った子どもたちは、岡山県の孤児院などが受け入れた。義援金も多く寄せられた。いま私たちがこうしてあるのは、あの時に救援を受けてのことだろう。

東日本大震災から半月。被災地から遠く離れたところにいる私たちは、幸いなことに冷静さを保っていられる。120年前の濃尾地震を直接体験した人はもはやいないが、記録集や写真集にまとめられている。震災被災者支援に、そして今後の防災に、曽祖父母らの体験を生かしたい。

不屈のゴール

（2011年4月2日）

サッカーの岡田武史前日本代表監督のことが好きになれない。理由は1998（平成10）年のフランスW杯メンバーから、キング・カズこと三浦知良選手を外したから。これは1974（昭和49）年の長嶋選手引退試合で、主力を出さなかった中日ドラゴンズに対する感情と似ている。われながら執念深い。

確かにあのとき、カズの調子は下降気味だった。当時31歳。全盛期を過ぎたとの判断か。けれどJリーグ創設以来の立役者で、日本代表の精神的支柱であるカズを、あえて外す必要があったとは思えない。若い選手を抜てきすることで、監督としての手腕をアピールしたかったのだろうか。

その後、W杯1次リーグで3戦全敗。1得点しか挙げられず敗退した。結果論と片付けるわけにはいかない。代表FWの城、呂比須、岡野らのその後を見れば、選択ミスだったのは明らかだ。

日本サッカーは、Jリーグ創設からドーハの悲劇を経て、一つの到達点を迎えたはずだった。その手前でそれて、あり得たはずの未来とは別の道に入り込んでしまったとさえ思う。

そのカズが、先月29日に行われた東日本大震災復興支援のチャリティー試合に出場した。スタンドを揺るがすようなカズコールが、何度となく沸き起こった。そして、絶妙のパスが来て、彼の前に道が開き、鮮やかなシュートを決めた。

不屈の44歳。カズのスーパーゴールは、震災被災地の人たちをどれほど勇気づけたことだろう。そして1998年以来の積年の胸のつかえも、少しはとれた気がする。

沈んだ雰囲気を一変させることのできるスーパースターやリーダーが、今の日本には少ない。スポーツ界だけでなく政界も同様だ。県内はどうだろう。昨日告示された県議選では、防災体制も大きな焦点。力強いビジョンと具体案を示してほしい。

トイレの神様

（2011年4月9日）

新学期がスタートした。新入生にとっては出会いの季節。新しい学び舎《や》で、期待と不安の毎日だろう。

特に大学1年生にとっては、高校までのクラス単位で同じ教室で過ごした時間に比べて、自由度は一気に高まる。楽しいはずのキャンパスライフだが、それが逆に戸惑いとなることも。

会社でもそうだが、ランチを一緒に食べる相手を確保するのは、意外な難題。今までずっと、教室の決められた席で給食や弁当を食べてきたからだろう。

自分から誘うのは面倒だし、断られるのもいやだ。けれど1人で食事をしていると、学友や同僚から友人がいないと思われる—と、どんどんマイナス思考に陥っていく。その結果、人前で食べることが出来なくなり、トイレの個室にこもってコンビニで買ってきたパンなどを食べる若者もいるという。昨今では「ランチタイム症候群」または「ランチメイト症候群」と呼ばれる。

岐阜の高校を卒業して上京したわが娘も、都会や大学になじめず、そんな日々を過ごしていたらしい。ある日、こんなことではいけないと一念発起してサークルの門をたたき、居場所を見付けた。〝トイレの神様〟が、そっと娘の背中を押してくれたのだろうか。

大学を出て社会人になってから、そんな打ち明け話をしてくれた。大学生の弟に対するアドバイスのつもりだったようだ。

新しい仲間を見付けることは、誰にとっても簡単ではない。目の前にある扉を、自分から開けることも必要だろう。ほんの少しの努力で、世界は急に変わって見えるはずだ。

そして、矛盾するようだがあえて付け加えておきたい。群れずに独りでいるのも人生には大切なことだ、と。

新入生の皆さんの健闘を祈ります。

私たちに出来ること（2011年4月16日）

震災後初めて東京駅に降り立った。暗い。節電で照明が落とされ、案内表示も見づらい。山手線ホームへのエスカレーターも止められていて、階段を上る。高齢者や体の不自由な人にはつらいだろう。体験してはいないが戦時下を連想した。気持ちも暗く沈んでゆく。

会合で被災地の新聞社の編集局長から話を聞いた。震災直後は停電などで新聞制作が出来なくなり、近隣の社に応援を求めて発行にこぎつけるまでには、大変な苦労があったようだ。取材記者に殉職者が出なかったのは奇跡に近い、とも。

避難所に届けた新聞が、奪い合うようにしてくしゃくしゃになるまで読まれているのを見て、新聞を発行できる幸せを感じたという。いま真価が問われているのは私たち新聞人。立ち上がった人たち、立ち上がろうとしている人たちを応援していく、と結んだ。

では、被災地から離れたところにいる私たちに出来ることは何だろうか。福島原発の処理には途方もない労力と時間がかかりそうだ。漠然とした不安が、首都東京まで覆っている。仮初めの励ましはむなしい。

千鳥ケ淵の桜は盛りを過ぎて、汗ばむほどの陽気。数日前、山に雪の残る根尾谷で見た淡墨桜の見事さを思い起こす。樽見鉄道に沿う道がすいていたのは、平日だったからだけではないだろう。岐阜市内の桜の名所も、満開だった先週末でさえ人出は少なかった。被災地の酒造会社は訴えている。東北の酒を飲んでほしい、と。花見の酒は人の心を浮き立たせ、弾ませるはずだ。祭りや花見のないまま行く春は寂しい。

誰もが被災地へボランティアに行ける訳ではない。東北や北関東の産物が売られていれば、夕べの食卓に並べよう。過剰な自粛はやめて、普通の日々を取り戻そう。それが私たちに出来る最良のことではないだろうか。

ハッポンジュッポン（2011年4月23日）

昔、新聞の見出しは迫力と外連味《けれんみ》にあふれていた。例えば仏像が大量盗難に遭ったという社会面トップ記事に、大先輩が付けた大見出し。「仏罰恐れぬ横着者め」。花火大会の様子を伝える紙面には「闇が砕けた、夜が震えた」。そこまで言うか、と思ったことも。

見出しを付けるのは、整理記者。自社の取材網や通信社から送られてくる国内外のニュースを読み、取捨選択し、どの面でどう扱うかを決め、レイアウトしながら見出しを付ける。

字数は主見出し8本、袖見出し10本がよいとされる。ハッポン、ジュッポン。これですべてを表現することが整理記者の理想。締め切り時間に追われながら、指を折り、字数を削ってインパクトのある見出しをひねり出す。呻吟《しんぎん》という言葉がぴったりくる。

定年を迎えた旧製作局出身者が退職のあいさつでしみじみと語った。「振り返ると、インキや油にまみれていた頃がいちばん楽しかった気がする」。

それは鉛活字を使っていた時代のことだ。新米整理記者は、職人気質の製作部員に版を組んでもらうとき、なかなかレイアウト通りにいかない。叱られながらの真剣勝負だった。記事にも見出しにも、いまよりもっと血が通っていた。書き手、作り手の汗や息遣いが感じられた。

時は流れ、アナログからデジタルへ。新聞もコンピューターで編集するようになり、キーボードとマウス操作で自由度は飛躍的に高まった。鉛活字の制約と格闘し、インクや油で手を汚すことはなくなった。それと反比例するように、見出しやレイアウトも淡泊になったのは皮肉なことだ。

東日本大震災の惨状を伝える写真グラフで、見出しのない紙面が各紙に登場した。写真そのものに語らせるほうがいい、言葉は不要との判断だろう。整理経験者としては驚き、ショックだった。

もう1人の杉原

（2011年4月30日）

優れた伝記作家の不在は、書かれるべき人物にとって不幸である。死後の声価を大きく左右しかねない。

例えば佐伯祐三。洋画家の中でトップクラスの人気を誇るが、不思議なことに彼を描いたノンフィクションや小説はほとんどない。いや、あるにはある。図書館や古書店で手にとってみるといい。とても楽しく読めるような代物ではない。彼の短い生涯は、作品ほどには知られていない。

岐阜に関連する人物では、木曽川水系に多くの発電所を築いた電力王・福沢桃介。NHK大河ドラマ「春の波涛」で風間杜夫が演じて再評価されたが、主役とは言い難い。義父である諭吉との不仲から周囲が遠慮し、あまり語られなかったのだろうか。スケールの大きな彼の全体像を知るのは難しい。

そして企画「ぎふ快人伝」で先ごろ取り上げた旧日本陸軍中将・樋口季一郎。兵庫・淡路島生まれだが、18歳で大垣の樋口家に養子に入った。ハルビン特務機関長だった1938（昭和13）年、ナチスの迫害を逃れたユダヤ難民たちがシベリア鉄道で移動してきた。樋口は入国を拒否する満州国外交部に働きかけてビザ発給を促し、特別列車で国境を越えさせた。

没後40年を経た昨年になり、評伝『指揮官の決断　満州とアッツの将軍　樋口季一郎』（文春新書）が発刊された。筆者の早坂隆は、樋口の生涯について細部にわたる検証を行っている。

イスラエルではユダヤ人保護・救出の恩人として伝えられてはいるが、日本と同様、八百津町出身の杉原千畝ほどには知られていないようだ。

杉原でさえ、日本で功績が広く知られるようになったのは戦後40年以上を経過してのこと。杉原や樋口を顕彰し、より多くの人に知ってもらおうと活動する団体が大垣にある。評伝の発刊が再評価につながればと願う。

懲りない米国（2011年5月7日）

「We got him!」。ビンラディン容疑者殺害の報を聞いたオバマ米大統領は、こう叫んだという。訳せば「あいつをやっつけた」か。その後の会見で声明を発表して「アルカイダとの戦いで最も重要な業績」と自賛し、「正義はなされた」と結んだ。

就任1年目にノーベル平和賞を受賞したオバマ大統領なら、「残念なことに生きて裁きの場に引き出せなかった」などと語るのではと予想していたが、見事に外れた。これではブッシュ前大統領とどこが違うのか。

ヘリでパキスタン北部の潜伏先を急襲した米海軍特殊部隊は、当初から身柄拘束ではなく殺害命令を受けていたという。パキスタンの同意は得ておらず、主権を無視しての軍事作戦だった。

米国なら何をしても許されるのか。裁判抜きで「正義を行う」権利を持っているのか。そうしたおごりが、ベトナムやアフガニスタンやイラクで、どんな結果をもたらしたか。過去に学ぼうとしない姿勢には驚く。

無論、約3千人の命を奪った9・11同時テロは正当化できるはずもない。だが今回の殺害作戦は、血で血を洗っただけではないか。「顕著な前進を歓迎する」とした菅首相のように、手放しで喜ぶわけにはいかない。

世界貿易センターにいた息子をテロで失った白鳥晴弘さんは、ビンラディン容疑者宛てに「なぜテロを起こしたのか。あなたの正義とは何か」と尋ねる手紙を書いていた。その答えを聞く機会は永遠に失われた。白鳥さんは「テロの連鎖は武力では終わらない」と、アフガンの子どもたちへの支援を続けるという。

中東世界に拡散したアルカイダ系組織は、米国に対する「聖戦」を容易には放棄しないだろう。ある日突然、想像を絶する報復テロが引き起こされる可能性は否定できない。そのとき、日本は無縁でいられるだろうか。

様変わりした競馬場

（2011年5月14日）

およそ20年ぶりに笠松競馬場を訪れた。名馬オグリキャップ像を横目に入場。2階スタンドには指定席が設けられ、落ち着いてレースが楽しめる。得体の知れない人たちが声を掛けてくる油断できない場所ではなくなっていた。

スタンド裏手にはドテや串カツ、焼き餅などを売る店が並ぶ。安くて懐かしい味。中央競馬にはない予想屋のボックスも。縁日のようなにぎわいは薄らいだが、名残を感じ取ることはできる。

スタンドとコースが近く、レースは臨場感たっぷり。本命戦が続き、配当は安い。売り上げ低迷で全体の頭数が減り、実力差がはっきりし過ぎているからか。無理な穴狙いを続ければ、じりじり負けていく。難しい。

どの地方競馬も深刻な売り上げ減少に悩んでいる。名馬や名騎手を輩出してきた笠松競馬も例外ではない。賞金・手当の15％削減などを本年度も続けている。隣の岐南町に誘致構想がある場外舟券発売場（ボートピア）との競合も懸念材料だ。

馬主やきゅう舎関係者の生計を背負って走る馬たちも大変だ。ある馬の戦績を見てみよう。門別、金沢、笠松、名古屋…。約1カ月間に東奔西走。中4日しか間隔がないことも。過酷過ぎるとの批判もあるローテーション。中央競馬は月1、2走程度なのだが。

最近は馬主が見限った馬を全国規模で買い集め、勝つことより出走手当で効率的に稼ぐべく各地で走らせている組織があるようだ。笠松に預けられる頭数も増えているという。競馬を取り巻く環境が様変わりしていくようで、気に掛かる。

コース内に田畑があるこじんまりした競馬場。昭和初期から連綿と続いてきたにぎわい。人と馬とが織りなすドラマ。廃止すれば二度と元には戻らない。現状打開の特効薬があるとすれば、やはりオグリキャップのようなヒーローの再来か。

オオカミ生存を夢見て

（2011年5月21日）

斐太猪之介という人をご存じだろうか。飛騨市古川町出身のジャーナリストで、野生動物に関する数々の著作を残した。とりわけ明治時代に絶滅したとされるニホンオオカミの生存を信じ、紀伊半島の奥吉野など各地でその証拠を探し続けた。

昨年暮れ、秋田県田沢湖の固有種で1940（昭和15）年頃に絶滅したと思われていたクニマスが、山梨県の西湖で奇跡的に再発見され、話題を呼んだ。絶滅の数年前に放流された卵がふ化し、世代交代を繰り返していたという。

滅んだとされる種の再発見は、探究者にとって大いなるロマンであり、見果てぬ夢である。人間の手によって絶滅に追い込まれた種は多く、その罪を償いたいという意識も働くのだろうか。

ニホンオオカミ絶滅の原因は、諸説ありはっきりしない。伝染病流行や人為的駆除などが複合したとも考えられている。1905（明治38）年に奈良県内で捕獲されたのが最後の1頭とされる。

それでは、岐阜県内でニホンオオカミはいつまで生きていたか。明治以降、古老らによる伝承は少なくないものの、実際に姿を見た、捕まえたという記録は残っていないようだ。

先日、熊野から高野山へ抜ける機会があった。途中、護摩壇山あたりからの眺望では、かなたまで幾重にも山々が連なる。オオカミはイメージと違い用心深い性質。懐深い紀伊山地のどこかでひそかに生き残っていてくれれば、世紀の大ニュースなのだが。

神戸市にある研究所ではクローン技術を用い、残された剥製からニホンオオカミを再生する計画が進められている。それとは別に、外国産のオオカミを野に放って生態系の頂点に復帰させ、イノシシ、シカなどによる農林業の食害を抑制しようという議論もある。

昨今のオオカミ再生計画について、斐太さんなら何と言うだろうか。

写楽をめぐる謎

（2011年5月28日）

震災後2カ月半が過ぎてなお、ほの暗い東京。表玄関の東京駅や上野駅だけでも、もう少し明るくならないものか。「頑張ろう」の掛け声とは裏腹に、気持ちが沈む。

上野の東京国立博物館平成館で開催中の特別展「写楽」を観た。1794（寛政6）年に豪華な役者絵28点を一度に出版し、さっそうと登場した絵師・東洲斎写楽。その後わずか10カ月間におよそ145点の作品を世に出し、こつ然と姿を消した。写楽とは誰か。

日本美術界最大の謎とされ、その正体探しは何度もブームとなった。

作品の見事さから、有名絵師らが使った変名ではないかという説が数多く出された。主なところでは歌川豊国、葛飾北斎、喜多川歌麿、司馬江漢、谷文晁、円山応挙らの絵師や、作家の山東京伝、十返舎一九、版元の蔦屋重三郎など。

振り返れば、1984(昭和59)年に放送されたNHK特集での芸術家・池田満寿夫氏の推理が、写楽に興味を持つきっかけとなった。池田氏が提示したのは歌舞伎役者の中村此蔵説。その後、新説が出るたび追い掛けたが、哲学者・梅原猛氏の豊国説などは「考証を重ねる以前に、第一印象で違うと分かりそうなもの」と突っ込みを入れたくなった。

今回の写楽展では写楽と豊国、勝川春英が同じ歌舞伎興行の同じ役を描いた作品を並べて紹介している。一目瞭然。写楽に比べれば、豊国でさえ凡庸に見える。

NHKが先ごろ放映したドキュメントでは、写楽唯一の肉筆画という扇絵の筆遣いなどから、阿波の能役者・斎藤十郎兵衛と断定した。果たして定説となるだろうか。

それでも謎は残る。類例のないデフォルメをデビュー作で駆使した天才が、なぜ見る見る輝きを失い、姿を消したのか。今回出品された140点を見て、写楽本人のうかがい知れない内面について考えさせられた。

日本は大丈夫か（2011年6月4日）

「こんなことをやっている場合か」。おそらく被災地住民の大多数が、そして日本国民の多くが同じ思いを抱いたことだろう。これまでの遅々として進まぬ震災復興対策とは一変して、政局は急展開した。

菅首相の「一定のめどがついたら」の条件付き退陣表明で、小沢グループなど民主党内の反菅勢力も軟化を余儀なくされた。内閣不信任決議案は大差で否決されたが、どうやら雨降って地固まるとはいかないようだ。分裂だけは回避した民主党だが、退陣時期の確認事項をめぐって、言った、言わないの泥試合の様相を呈してきた。

たとえ1、2日とはいえ政治空白を生じさせ、国民の不信感を増幅したことは否定できない。退陣を先延ばししたところで、菅首相のレームダック（死に体）化は進み、求心力維持はさらに困難となるだろう。政局流動化の流れは止まらないか。

「菅さん、お辞めになったらいかがか。震災からの復旧・復興をあなたの下でやっていくことは不可能だ」。1日の党首討論でそう言い切り、不信任案の提出に踏み切った谷垣自民党総裁と自民党にも、重大な責任がある。

「（菅首相が辞めれば）与野党を超えて新しい体制をつくる工夫はいくらでもできる」

なら、退陣を待たず早急に復旧・復興へのビジョンを示すべきだろう。

原子力の平和利用が国策となり、それを推進する政・官・学・産業界挙げての「原子力村」と呼ばれる仕組みが成熟したのは、他ならぬ自民党長期政権下でのこと。「安全神話」のもとに原発を建設してきたこれまでの歴史の総括なくして、福島第1原発処理が進まない現状を菅首相のせいだけには出来ない。

それにしても、すっきりしない梅雨空を見上げて、こんな感慨を抱く。日本は大丈夫だろうか。

故後藤田氏の五訓（2011年6月11日）

大震災から3カ月。復旧・復興の歩みは遅く、福島第1原発の処理はさらに遅々として先が見えない。菅首相をめぐる政界のドタバタ劇は、被災した人々はじめ国民の政治不信を増幅させた。

情けないのは民主党内だけではない。自民党の後藤田正純衆院議員が先日、銀座のクラブ勤めの女性との親密な様子を写真週刊誌に報じられ、地震対策特別委員会副委員長などすべての党内役職を辞した。

後藤田氏の大叔父は、法相や官房長官を歴任しカミソリの異名を取った故後藤田正晴氏。警察官僚から政界に転身し自民党最高実力者まで上り詰めた故後藤田氏は、政界引退後も自衛隊イラク派兵に反対し、小泉内閣の政治姿勢を危険とするなど政治信条を貫いた。役人に向けた「後藤田五訓」が残されている。
一、省益を忘れ、国益を想《おも》え
二、悪い本当の事実を報告せよ
三、勇気を以て意見具申せよ
四、自分の仕事でないと言う勿《なか》れ
五、決定が下ったら従い、命令は実行せよ
まさに今の政官界、そして原発処理に当たる東京電力に欠けていることばかりではないか。

先日、大震災で記者をなくした福島民友新聞の編集局長の話を聴いた。まだ24歳の若さだった熊田記者は、震災前々日と前日にあった地震の後、堤防の陸閘《りくこう》に異変がないか取材していた。震災当日も確認に行き、津波にのまれたのではないか、と。後になり、若い記者に高台への避難誘導をしてもらったおかげで助かったと話す人が何人も現れた。なぜ自分も高台に逃れなかったのか、何を今回の教訓としたらいいか。編集局長は今も自問自答しているという。

マスコミに比べて政治家が情けないなどとは思わない。ただ、言いたい。もう少し真摯《しんし》に国民を想え、と。

今夏はシエスタ？（2011年6月18日）

眠りの浅い性分のせいか、夜明けとともに目が覚める。この季節、早朝4時半にはすっかり明るくなる。社会が動き出すまでの数時間がもったいなく感じられるのは、貧乏性だからか。

福島第1原発事故から派生した電力不足でさまざまな節電、省エネ策が検討され、実行されている。夏の間、時計を1時間早めて明るい時間を有効に使おうというのがサマータイム制。日本では戦後の一時期導入されたが、定着しなかった。

サマータイムというと、ビリー・ホリディやジャニス・ジョプリンがカバーしたガーシュインの名曲を思い浮かべるが、あくまで夏の暑い時期といった意味で用いられている。制度としてのサマータイムは、米国ではデイライト・セイビング・タイムと呼ばれる。

照明や冷房の面で省エネ効果があるというが、反対論も根強い。生活や睡眠のリズムが乱れる、サービス残業が増える、明るいうちに帰宅するとかえって冷房需要が増える、時計機能付き電化製品の調整が面倒—など。

国はどうせ決めてくれないと、独自に導入した企業や自治体も多い。そうした動きに敏感なのは外食産業。開店を早めて朝食メニューを増やしたハンバーガーチェーンや、午後4時から店を開ける居酒屋も。

自分のこととしてシミュレーションしてみる。朝8時半の出社をさらに早めようか。いや、だからといって退社時間は変わらなそう。記者たちにも嫌がられるか。

県はスペイン式のシエスタを導入するという。昼食後に昼寝を含む休憩をたっぷり取る習慣。筆者も夕方から翌日未明までの勤務だったデスク時代、昼食後に仮眠を取ってから出勤していた。確かに午後のいちばん暑い時間帯を、照明や冷房温度を落としてやり過ごせば、節電効果はありそう。ただ、勤勉な日本人には向かないのでは。

進化した猿たち

（2011年6月25日）

大震災から3カ月半。「頑張ろう!」と励まされ懸命に日々を過ごしてきた人も、支援してきた人も、息切れしたり疲れを感じたりしていないか。先の見えない原発処理と、先の長い被災地復興。日本全体が小休止とビタミン補給の必要なころかと思われる。

気持ちが沈んできたとき、手に取る本がある。『進化した猿たち』（正・新2冊、早川書房刊）。著者の星新一はSF小説の巨匠で、ショートショートの神様と呼ばれた。米国の1コマ漫画の収集家でもあり、そのコレクションをテーマ別にまとめてしゃれたエッセーを付けたのがこの本。日本で1コマ漫画といえば新聞の政治風刺漫画だが、米国では驚くほど多種多様。独自の進化を遂げている。

SF作家だけあって、まずは「死刑を楽しく」というブラックな章から始まる。刑執行の寸前、逃げ出した囚人。銃殺隊長が叫ぶ。「止まれ!さもないと撃つぞ」。一緒に電気イスに座らされている囚人2人。係員は事もなげに「電気代が値上げになったんでね」。

男女の問題では「結婚の修理屋」「アダムとイブ」「ベッドと3人」。章のタイトルだけでもにやりとさせられる。宗教関係では「世の終わり」が面白い。最後の審判を信じ、「今日で世界は終わる」「悔い改めよ」などと書いたプラカードを持つ男が繰り広げるドタバ夕劇。主張そっちのけで女性を口説いたり、世界が終わらず日付が変わった途端、プラカードをごみ箱に捨てたりする。

〝進化した猿たち〟の愚行ぶりを見ていると、不思議に気持ちが晴れてくる。こんな世界でも、まんざら捨てたものではないと思えてくる。3分冊の文庫版も含めて現在絶版だが、古書店や図書館では見掛ける。気持ちも湿りがちな梅雨どき。会社や学校へ向かう足取りの重い人も、手に取ってみてはどうだろうか。

節電はするけれど

（2011年7月2日）

もし今、日本国民が節電という言葉を発したり書いたりするのを一斉に止めたら、かなりの節電・省エネになるのではないか。それほど世の中は節電、節電の大合唱。電気がタダならともかく、ちゃんと使った分の料金を払っているのに。と、愚痴りたくもなる昨今の暑さ。

企業や自治体は冷房・照明の抑制やクールビズをはじめ、サマータイム、輪番操業、自家発電の活用などを次々に実行に移している。自動車メーカーは、電力使用量の少ない土日に操業して木金を休みにする。効率優先で配慮されていないようだが、子どもと休日が合わなくなる社員・従業員は大変だろう。

各家庭では、すだれやよしずで窓からの日差しを和らげ、エアコンは控えて扇風機を使い、テレビ画面の輝度を下げ、ご飯は1日分まとめ炊きして冷蔵庫に保存し、お湯はガスコンロで沸かしてポットは使わず、その他あれこれ足して15％の節電目標を目指す。

このように私たちは、我慢すべきは我慢して精いっぱいの努力をしている。だが肝心の政府、電力業界はどうか。原発の定期点検後の再稼働が容易ではない現在、電力供給体制をどう再構築するかは直面する最大の課題のはずだ。

電力需給をITで制御して最適化するスマートグリッドや、自然エネルギー発電をする会社が生まれやすくなる発送電分離は、なぜ議論が進まないのか。今週相次いだ電力会社の株主総会では、「脱原発」ばかりが争点となり、再生可能エネルギーの割合を増やすための構造転換は、後ろに隠れてしまった。

節電に努めることが国民の義務のような空気になり、この夏を乗り切ることだけが強調されている。今後の電力需給をどうするか。5年後、10年後の社会をどう見通すか。それが肝心ではないか。

富士山は見えるか（2011年7月9日）

暑さ本番。涼感を求めてか、高い山が恋しくなる。近頃、妙に気になっているのは富士山。とはいえ、登ろうとは思わない。きれいに見えるスポットは、というのでもない。ただ、岐阜県内から富士山を見るということ。

ヘリや飛行機からというのは不可。北アルプスの穂高岳や乗鞍岳からではつまらない。本社カメラマンに持ち掛けたところ、自然を撮るのが得意なだけあって、話に乗ってきた。

「富士見」という地名が全国各地にあり、富士山が見えることに由来している。県内では中津川市と長野県阿智村との境に富士見台高原がある。ただし、富士山は見えない。明治初期に富士教の信者が遥拝所を設けたことからこの名が付いたとも、「富士が見たい」に掛けたとも言われる。

あれこれ探索を進めるうち、三重県境に近い海津市南濃町の養老山系から見えるという情報がもたらされた。以前撮影された写真を見ると、小さく、お椀《わん》を伏せたような山影が確認できる。ついに！　と思われた。

カシミールというパソコンソフトを使えば、ある地点からの山岳展望を知ることができる。養老山系からは、富士山は見えないとの無情の判定。残念ながら、南アルプスの中盛丸山らしい。

気落ちする私たちのもとに、新たな情報。岐阜・滋賀県境を縫って走る伊吹山ドライブウェイの駐車場から、富士山が見えるという。ただし大気が澄むなど、よほど気象条件が整わないと無理らしい。秋冬シーズンを待ちたい。

最後に、静岡県出身者に教えてもらった富士山についてのプチ情報を紹介しよう。東海道新幹線から富士山は、上りで進行方向左側、下りで右側に見えるが、反対側に見えるポイントが1カ所だけある。わずか1分間ほどの短い時間。是非確認していただきたい。

東京での恥かき話

（2011年7月16日）


以前の名刺帳を探したら、ようやく出てきた。「池井戸潤」と墨書風の字体。自筆だろうか。自分の似顔絵と猫の漫画が添えられている。

名刺交換したのは、東京支社勤務だった2006（平成18）年ごろ。支社に来訪された覚えがある。著書出版のタイミングだっただろうか。県人関係のパーティーでもお会いした。

元銀行マンで、コンサルティング業をしながら企業小説を書いているとのことだった。大変失礼だが、後に直木賞作家になられるとは思わなかった。自分の不明を恥じる。もっと話を伺っておけばよかった。

恥じる、と言えばもう一つ。出版社のパーティーで、作家の小林信彦さんを見つけた。小説もだが、別名の中原弓彦名義の映画や喜劇評論のファンだったので、自己紹介して一緒の写真をお願いした。快く受けてくださった。

カメラを頼んだ他社支社長が、シャッターを押そうとして不思議な動きをしている。バッテリーが切れたとのこと。動揺して小林さんへのおわびもろくにしないまま、そそくさとその場を逃れた。

さらに、一昨年亡くなった高山市出身の写真家・稲越功一さんの作品展が銀座の和光で催され、初日に行ってみたときのこと。各界著名人のポートレートを鑑賞した後、稲越さんに名刺を出して自己紹介すると「さっき記者の方に本は渡しましたよ」と意外な反応。

とっさに理解できなかったが、どうやら同じ社に2冊の作品集はあげられないとの意味のよう。そんなに物欲しそうに見えたのだろうか。「もちろんそれは結構です」と言うのがやっとで、会場を後にした。

2年半の東京時代。なぜか恥ずかしい思い出ばかり浮かんできた。岐阜では望めない、楽しい出会いも多かったのだが。ともあれ新直木賞作家の誕生を心から祝いたい。

『高野聖』とドラクエ（2011年7月23日）

泉鏡花の小説『高野聖』は、ロールプレイングゲーム（RPG）に似ている。まず「参謀本部編さんの地図」を開くところから、物語は始まる。まるでRPGのオープニングのように。

主人公の若い修行僧は、新橋から越前に向かう汽車の車中で中年の旅僧と親しくなる。RPGの元祖といわれるトールキンの「指輪物語」、あるいはドラクエ（ドラゴンクエスト）でいう〝旅の仲間〟である。敦賀の宿での一夜、旅僧から怪異な体験談を聴く。

翌日、飛騨から信州への旧道に分け入る。蛇の群れる草原や血を吸うヒルが雨のように降ってくる森を抜けて、一軒家に着く。そこには美女が住んでいて…。旅僧の話通りにガマガエルや大コウモリ、人から姿を変えられた馬や猿など〝モンスター〟も次々現れる。

小説の舞台となったのは、白川郷と飛騨市河合を結ぶ天生峠。地理的に安房峠の誤りとの説もある。怪異、幻想の物語の舞台に、鏡花はあえて天生の名を選んだのか。

先月、連載企画「ぎふ峠ものがたり」の取材に同行し天生峠を訪れた。峠から山道を40分ほど歩き、眼前に現れた湿原を巡る。雪の残る谷川沿いの道に分け入り、ブナ原生林やトチ、カツラの巨木群を通過する。足元には山野草が咲き、すがすがしい。妖しい気配こそないが、現実の天生も変化に富んで飽きない。

東山魁夷もまた、天生に魅せられた一人。スケッチ旅行で訪れた峠から、群青色に近い山肌を千変万化の霧が立ち昇るのを見る。「忘我の状態で見詰めていた私は、この風景を描けという声が虚空のどこかから聞こえてくるように感じた」。そして唐招提寺の障壁画「山雲」を描き上げる。

県内に無数といっていいほどある峠を巡る「峠ものがたり」は、まだ始まったばかり。それぞれの風景や自然、伝承や物語を紹介したい。

仏像を見る楽しみ

（2011月7月30日）


仏像は博物館などではなく、本来のロケーション、つまり寺院で見るに限ると思ってきた。その考えを少し改めたのは一昨年、東京国立博物館の展示会で興福寺の国宝・阿修羅像を見てから。

円形劇場のようなしつらえの舞台の中心に像が置かれ、スポットライトが当たっている。まず高い角度から見下ろし、らせん状に降りながら、あらゆる角度から見ることができる。

どこから見ても隙がない見事な造形に、ただ圧倒された。

若い女性を中心とする仏像ブームが起こったのは、このころ。癒やされたいという心理と関連付けて語られていた。

奈良、京都、近江を中心に仏像を見て回ったのは、そのブームよりしばらく前。みうらじゅんといとうせいこうの共著『見仏記』で、気心の知れた「仏友」と一緒に「見仏」して回るという楽しみ方が話題を呼んだころだった。

信仰心はほぼ皆無だが、法隆寺の百済観音像の前では、思わずひざまずいて祈りそうになった。東大寺・法華堂（三月堂）の不空羂索《ふくうけんさく》観音像には、宇宙的なスケールを感じて身震いした。

背面に回れるのは、滋賀・向源寺（渡岸寺）の十一面観音像。均整のとれた立ち姿と穏やかな顔が素晴らしいが、後頭部の暴悪大笑面もいい。大口を開けて笑い、世の悪を滅ぼすという。

岐阜市歴史博物館で開幕した「国宝　薬師寺展」にやってきた仏像は聖観世音菩薩像（国宝）、四天王像（国重文）など。光背を外した聖観世音は、手の届きそうな近さで全角度から見ることができる。黒光りして張りのある肌は、官能的でさえある。

仏像以外でも、国宝の吉祥天女像や八幡三神像、薬師寺と美濃の関わりを示す展示など見ごたえがある。弊紙創刊130年にふさわしい展示会と自負している。ぜひお出掛けいただきたい。

セミの栄枯盛衰（2011年8月6日）

ことしはやはりセミが少ないようだ。岐阜市周辺だけでなく首都圏や関西も同様らしく、ネットでも話題になっている。

もともとセミの分布は地域性豊か。ミンミン王国の東京に対して関西はクマ帝国。中間の岐阜市周辺はさしずめニイニイ＝アブラ共和国か。

もちろんこの地域にいるのは、2種だけではない。クマゼミがシャアシャア鳴き始めると盛夏を実感し、ツクツクボウシに夏の終わりを感じる。北部の山沿いに行かないとヒグラシの物悲しい声は聞けない。ミンミンはなかなかいないが、金華山周辺に比較的多い。

南方系のクマゼミは、温暖化や都市のヒートアイランド現象によって勢いを得たのか、東への進攻を強めている。すでに東京都内に到達しているというので、3、4年前の夏、あちこち探してみた。なにしろ主に午前中しか鳴かない性質なのが厄介。小石川植物園周辺や日比谷公園、新宿御苑でも聞こえない。

情報を得て代々木公園に行ってみた。広い園内はミンミン、アブラ、ニイニイ、ツクツクのまんじどもえ状態。やはりいないのか。暑さにまいりながら帰途に就こうとしたその時、「いた!」。大ケヤキの高い枝から聞こえる。姿こそ確認できなかったが、確かに東京進出を果たしていた。

岐阜や関西のように、うるさいほどの大合唱ではない。広い園内でもいるのは限られた場所のよう。まだ個体数が少なく、一カ所に集まるのだろうか。

岐阜市周辺では、勢いを増したクマゼミと対照的に、アブラゼミがめっきり少なくなった気がする。タモを手にした子どもたちも、すぐに飽きてしまうほど簡単に捕まったのに。幼虫期に乾燥を嫌うニイニイゼミも減ったようだ。

わずか数十年の間に、これほど変わるものだろうか。子どものころの夏は、遠くなった。

脱原発提言への疑問 (2011年8月13日)

詩人で思想家の吉本隆明氏は言う。「原発をやめるという選択は考えられない。(略)

発達してしまった科学を、後戻りさせるという選択はあり得ない。それは人類をやめろというのと同じです」。さらに「危険な場所まで科学を発達させたことを人類の知恵が生み出した原罪と考えて、（略）完璧な防御装置をつくる以外に方法はない」（日本経済新聞5日付朝刊）。

おそらく暴論だろう。反論のしどころは多々ある。けれど、こうした時流に逆らう意見を述べる機会をなくしてはならない。それが新聞の務めだと思う。

朝日、毎日、中日の3紙が相次いで社説や提言を1面に掲載し、「脱原発、再生エネルギーへの転換」を打ち出した。

未曽有の大震災と原発事故を経験した日本という国のありようや政治の行方を考えることは、新聞にとって大切な課題である。けれど、日本の将来を左右するエネルギー問題について、まず社論を定めてしまうことの危険性に、無自覚であってはならない。

多数の社員や記者を抱える大手新聞社内で、社論を統一する論議は尽くされたのか。異なる見解は書けるのか。一つの方向の言論しか許されない恐ろしさは、戦前戦中の戦意高揚報道の反省で自覚しているはずだ。

もう一つ、自戒したいことがある。1950年代半ばに「原子力の平和利用」が国策となり、原発肯定の世論が形成されていく。近年では地球温暖化防止に有効なクリーンエネルギーとして、キャンペーンが展開されてきた。それらの過程で、マスコミには多額の広告宣伝費が流し込まれた。

「原子力村」と呼ばれる原発推進の利益構造の一端を、私たちも担ってこなかったか。安全性の論議は不十分ではなかったか。まずそのことを自省した上で、予断を持たずに原発をめぐる諸問題と向き合っていきたい。

美女は歳月に…（2011年8月20日）

テレビのアナログ停波から約1カ月。あらためて思う。地デジは残酷だ。映らなくてもいいものまで、デジタルでクリアな画面に映し出す。

いつまでも若々しいと定評のある女優が、案外そうでもないと気付かされる。誰とまでは言わない。化粧の下のしわや肌の艶まで、思いのほか鮮明になってしまう。アナログでは分からなかったのに。

誰もが逃れられない時の流れの非情さ、歳月の残酷さは、往年のフランス映画のテーマにもなった。

ジュリアン・デュヴィヴィエ監督の「舞踏会の手帖」(1937年)。若くして未亡人になったヒロインが、20年前の自分の手帳を見つける。その中には、舞踏会にデビューしたとき、誘われて踊った相手の名前が列記してあった。懐かしさから、7人の男たちを訪ね歩くが…。若かった彼らのその後の人生は、それぞれに苦い。

同じ監督の「旅路の果て」(1939年)は、もっと暗い。老いた俳優たちの暮らす養老院が舞台。二枚目俳優はかつての栄光が忘れられず、心を病んでしまった。脇役専門だった男優は、生涯ただ一度の主役として慈善興行の舞台に立つが、緊張のあまりセリフが出てこない。

2作品とも、ラストにはかすかな救いが用意されている。若いころに見たきりだが、もう一度見てみたい。登場人物たちに近い歳になったいま、どう感じるか。

人を選ばず必ず訪れる老い。地デジを見ながら思い出した警句がある。「美女は歳月に復讐《ふくしゅう》される」。誰が言ったのか、何に書いてあったのか、どうしても思い出せない。検索しても出てこない。ご存じの方は、ぜひご教示いただきたい。

新代表の第一声は（2011年8月27日）

今さらだが、サッカーのなでしこジャパンに驚かされたのは、W杯優勝の快挙の後、彼女たちが泣かなかったこと。終始はじけんばかりの笑顔で喜びを表現し、涙とは無縁だった。同じころ、国会で自民党議員に攻め立てられて、泣いてしまったのは海江田経産相。一時は菅首相後継争いから大きく後退することとなった。

人気絶頂のアイドルグループAKB48。昨年、選抜総選挙と呼ばれる人気投票で1位になった大島優子さんは、発表直後の驚きと喜びの中、毅然《きぜん》として言い放った。「背中を押してくれとは言いません。付いて来てください」。

民主党次期代表有力候補の前原前外相は、出馬表明の席で、「挙党一致で、全員野球で」と繰り返した。どちらの言葉に力があるか。

ならば女性擁立の手もあったのでは。民主党の有力女性議員といえば、今回は出ないが蓮舫総理担当補佐官。彼女の存在を際立たせた事業仕分けで言ったのは、「世界一になる理由は何があるんでしょうか。2位じゃ駄目なんでしょうか」。

これもAKB48と比べてみよう。今年、人気投票1位となりセンターの座を奪回した前田敦子さん。ファンに向かって声を振り絞り、「私のことは嫌いでも、AKBのことは嫌いにならないでください。少しでも認めていただけるように、これから私なりに頑張っていきたいと思います」。1位になることの重みと使命感を感じさせた。

大島さんに対しては、「この1年間、みんなを引っ張ってくれたのは優子」と感謝。それに応えて大島さんも「あっちゃんはAKBの顔。これからも一緒に前を向いていきましょう」と2人で抱き合った。見事なバトンタッチだった。

民主党代表選はきょう告示され、29日には新代表が決まる。さて、選出後の第一声は。

鐘にまつわる話（2011年9月3日）

梵鐘《ぼんしょう》造りの技法を今に伝える老舗企業のナベヤ（本社・岐阜市）で、伝統の「梵鐘吹き」を見る機会があった。

ナベヤは1560（永禄3）年創業で、450年の歴史を誇る。柴又帝釈天、大須観音、犬山成田山の大梵鐘をはじめ、県内でも多くの寺院の梵鐘製作を手掛けてきた。

溶かした合金を鋳型に流し込む作業は、たたらと呼ばれる吹子《ふいご》を使って金属を溶かしていたことから、「梵鐘吹き」と呼ばれる。近代的な工法に変わった今も、古式にのっとった儀式として行っている。

四方にしめ縄を張った結界の中に鋳型が置かれ、読経の中、1200度に熱せられた合金が取鍋から鋳型に流し込まれる。関係者のまなざしが一点に注がれ、工場内の空気が張り詰める。無事完了後は、参加者全員の万歳でお開きとなった。

鋳型から出すのはその日の夕刻だが、鐘表面の仕上げなど、完成までには1カ月半かかる。鐘そのものより、鐘を釣る鐘楼のほうがはるかに高額の費用がかかるという。

鐘楼といえば、昨年訪れた本巣市根尾の越波《おっぱ》でショッキングな光景に出くわした。集落を貫く道路沿いに建つ願養寺。歴史を感じさせる寺だが、境内に入ると、鐘楼の屋根が崩れて梵鐘が地面に落ちている。突かれなくなってどれくらいたつのだろう。寺だけでなく、並ぶ民家にも人の気配がない。

最盛期、越波には約300人の住民が暮らしていた。過疎化が進み、現在住民票を置いているのは兄弟2人だけ。何とか集落を再興したいと、山林を守り、NPOの協力も得て周辺の散策道などの整備に尽力している。

寺の梵鐘と鐘楼を元の姿に戻す計画も進められている。ナベヤ製ではないようだが、どこかの工場で丹念に鋳造されたものだろう。鐘の音が再び人々に時を告げるようになる日を待ちたい。

先立たれる悲しみ（2011年9月10日）

「逆縁」という言葉がある。仏の教えに背くことを指す仏教用語だが、現代では親より先に子が亡くなることをいう。親にとって、逆縁ほどつらいことはないだろう。

台風12号による豪雨で、和歌山県那智勝浦町の寺本真一町長は長女の早希さんを亡くした。那智川の氾濫で自宅が流され、妻も行方不明。町長とは先月下旬に名古屋で開かれた「和歌山観光の集い」で、お会いしたばかりだった。

同町は世界遺産「紀伊山地の霊場と参詣道」の一角にある。寺本町長は仁坂県知事や熊野三社の宮司、観光関係者らとともに集いに参加し、熊野那智大社、西国一番札所の青岸渡寺、那智の滝などの名所や、マグロ、熊野牛など特産の魅力を熱心にアピールしていた。

それからわずか10日ほど後、妻子を突然襲った悲劇。結納の当日だったという。町長は娘の遺体との対面もそこそこに、情報収集や陣頭指揮の公務をこなすため役場に戻った。感情を抑えて話す姿をテレビで見て、胸が詰まった。

東日本大震災から半年。他紙に最近載ったものだが、高校生の息子をなくした父親の言葉が忘れられない。「まだどこかで、ほんとは全部うそなんじゃねえかって思うときがある」。

全部うそなら、どんなにいいだろう。テレビゲームのように、リセットボタンを押せるなら。親の喪失感は、おそらくいつまでも埋まることはない。

「震災半年なんて、マスコミが言うだけで被災者には何の意味もない。気持ちに区切りは付かない」。何度も被災地を訪れている写真家は、語気を強めた。

けれどあえて節目を設けることで、気持ちが少しでも前に向かうこともあるのではないか。被災した人々の心の傷が少しでも癒やされることを、そして災害が繰り返されないことを祈りたい。

子どもたちに向けて（2011年9月17日）

東日本大震災の直後、インターネットでのアンケートで被災者が求めたのは、「水」「正確な情報」に次いで「歌」だった。

避難所では故坂本九さんの「上を向いて歩こう」や「見上げてごらん夜の星を」、子ども向けには「アンパンマンのマーチ」がよく流されたという。傷付いた人々の心を癒やすのに、歌や詩の力は大きい。
詩でよく取り上げられるのは、岩手県出身の宮沢賢治の作品。復興への願いや祈りとして受け止められ、心に響く。
「雨ニモマケズ」が有名だが、ここでは「生徒諸君に寄せる」と題された詩の一部を紹介したい。母校・盛岡中学の校友会雑誌に寄稿するため書かれたとされる。

諸君はこの颯爽《さっそう》たる／諸君の未来圏から吹いてくる／透明な清潔な風を感じないのか
それは一つの送られた光線であり／決せられた南の風である

そして、アジテーションのように、生徒たちを鼓舞する。

新たな詩人よ／雲から光から嵐から／透明なエネルギーを得て／人と地球によるべき形を暗示せよ
新しい時代のコペルニクスよ／あまりに重苦しい重力の法則から／この銀河系を解き放て

まことに気宇壮大。時代を超えて、震災を体験した子どもたちへのメッセージと重なる。

震災発生時の様子を語った地方紙・岩手日報の編集局長が、「県内で被災した小中学生は3万人。この子たちが岩手の宝。どのような後ろ姿を見せることが出来るか。それが私たちの使命」と締めくくったのを思い起こす。

未来を担う子どもたちの心の中に、郷土の詩人の言葉は力強く響くことだろう。

新聞天気図の魅力

（2011年9月24日）


運動会や行楽の季節。天気予報が気に掛かる。今年は台風12号、15号が相次いで襲来し、大雨被害をもたらしたばかり。いつも以上に天気図に関心が向く。

小学生のころ、天気図が好きだったのを忘れていた。45年ほど前のことを思い出してみる。まず新聞1面の天気図を毎日切り抜いてスクラップした。それだけでは飽き足らなくなり、たんすの引き出しを開けて、敷いてある古新聞を探した。天気図だけ切り抜くのだが、1面でなければそのまま元に戻した。学校では先生のいないころを見計らい、理科室や家庭科室の引き出しまで調べた。

何が面白かったのだろう。きっかけは思い出せない。時々刻々変わっていくものに興味を持ったとしか言いようがない。

次にラジオの気象通報を聞くようになった。NHK第2と日本短波（現ラジオNIKKEI）で毎日計5回放送。地図の書かれた記入用紙を親に頼んで買ってもらった。観測地点ごとの風向、風力、天気、気圧、気温などのデータ、高気圧や低気圧の位置や勢力を聞き取り、書き入れていく。放送終了後に等圧線を結び天気図を完成させる。

地吹雪、砂塵《さじん》あらしなど、めったにない天気が読まれたり、史上最強クラスのシベリア高気圧や台風が現れると、どきどきした。

しばらく前のことだが「天気予報、お役に立ってますか」と題する講演を聴いた。テレビ・ラジオ中心の話だったが、新聞の予報はどうだろう。あらためて1面掲載の天気予報欄を見直してみたが、予想図だけで実況図がないのは味気ない。

今春から導入された新学習指導要領には、新聞の積極的活用が盛り込まれている。教室で教材として生かされていることだろう。子どもたちが天気の移り変わりに興味が持てるように、新聞の天気図も工夫したい。

児童のいない校庭

（2011年10月1日）

台風15号による大雨被害から数日後、旧中山道を御嵩町から瑞浪市へ抜けた。山あいの林の中をたどる道は、往時の街道の面影を残す。土砂が路面に流れ出た跡があちこちにあり、通行止めで迂回《うかい》させられたりもした。

中山道48番目の宿場・細久手を過ぎてしばらくすると左手に小さな池がある。弁財天の池。流れ込む川はなく、湧き水をたたえているようだ。池の中央には弁財天がまつられた石祠《いしぼこら》がある。

岸辺にはカキツバタ、池の中にはバイカモやジュンサイが茂る。水中をのぞくと、メダカの群れ。これほどたくさんのメダカを見るのは、いつ以来だろう。

ふいに大型の黒いチョウが目の前を横切る。羽根に黄色の紋がある。モンキアゲハ。池のほとりの木々の枝に戯れるように、ゆらゆらと舞う。この世に生を受けたのが楽しくて仕方ないように、躍動感にあふれている。

そして、道路の反対側の、田んぼの向こうに遠い山々と秋空が広がる彼方へ飛び去った。

さらに車を走らせると、大湫《おおくて》宿に入る。細久手より町並みは大きい。大杉のある神明神社を過ぎると、大湫小学校があった。かつて皇女和宮の宿泊した本陣跡に建てられている。

校舎は校庭奥の高台にあり、小さいが堂々として、町を見守るように建っている。けれど2005(平成17)年、少子化により近隣の釜戸小に統合され、130年の歴史を閉じた。それでも、校庭の草は刈られ、いつでも使える状態に見える。

なぜか、懐かしいメロディが心に浮かんだ。

岐阜は木の国、山の国
伸びる希望をうたおうよ　(岐阜県民の歌)

自然豊かな山間地の宿場町でさえ、地区内に小学校を維持できないのが現実。やりきれない気持ちで、子どもたちの姿の消えた校庭を後にした。

皇帝ルドルフの死　(2011年10月8日)

詩人で劇作家の寺山修司は、無類の競馬好きとしても知られ、何冊かのエッセー集や数々の名言を残している。たとえば、「競馬は人生の比喩ではない。人生が競馬の比喩なのだ」。

寺山が特に好きだったのは、騎手の吉永正人。無口で武骨な薩摩隼人で、ぽつんと離れた最後方から追い込むような不器用な手綱さばきに、自分を投影していたのかもしれない。

その吉永が手綱を取るミスターシービーが、シンザン以来19年ぶりの三冠馬となったのは1983（昭和58）年。弾むような天衣無縫の走りっぷりで、ファンをはらはらさせた。

翌年、日本ダービーを先頭で駆け抜けたのはシンボリルドルフ。東京競馬場のゴール前で観戦し、圧倒的な強さを目の当たりにした。

三冠のかかった菊花賞は、奥飛騨温泉郷に向かう車中でラジオ実況を聞いた。広告社勤務の先輩を中心とした集まりだった。先輩はその数年後に若くして亡くなり、そうした機会も失われた。

無敗の三冠馬となったルドルフは皇帝の異名を取り、好位に付けてゴール前でそつなく抜けだす戦法から、近代競馬の結晶とされた。その後の直接対決でシービーに三度とも先着したため、1歳違いの2頭の三冠馬の声価は定まってしまった。

ルドルフの死は今週、一般紙でも大きく報じられた。30歳の大往生だった。笠松育ちの名馬オグリキャップの訃報ほどの扱いではなかったのは、ファンの愛着さえ許さないほど強かったからだろうか。

寺山はシービーのダービー制覇を見届けないで亡くなり、吉永、シービーもすでにこの世にいない。

「ふりむくな、ふりむくな。後ろには夢がない」（寺山修司「さらばハイセイコー」）。感傷に浸るのは、これくらいにしよう。

水を差された国体

（2011年10月15日）

県が掲げる「清流の国ぎふづくり」は、全国植樹祭、海づくり大会を経て、来年のぎふ清流国体とぎふ清流大会（全国障害者スポーツ大会）がその集大成となる。先の山口国体で県勢は、天皇杯（男女総合）4位、皇后杯（女子総合）3位と目標を上回る好成績を挙げた。来年、天皇皇后両杯を獲得すれば1965（昭和40）年の岐阜国体以来。達成へ大きな弾みが付いた。

高度成長下で開かれた岐阜国体では、施設、道路などのインフラ整備が飛躍的に進んだ。県外からの選手が国体後も県内に残り、指導者となることで、競技力アップに寄与した。

当時はまだ小学生だったが、近所の高校の校庭を遊び場にしていた。バレーボール部とハンドボール部の先生が、国体のために来ていることは知っていた。その熱血指導ぶりをよく覚えている。

岐阜国体とともに広められた「岐阜県民の歌」や「岐阜国体賛歌」が、子供心に刷り込まれた。正直言ってその前年の東京五輪ほど夢中にはならなかったが、県民意識の高揚は肌で知っていた。

ぎふ清流国体は、どんな国体になるだろう。後に何を残すだろうか。

残念なのは、清流の国づくり推進課課長補佐が収賄容疑で逮捕されたこと。緊急雇用による地球温暖化防止事業の受発注に絡んで、業者から謝礼を受け取ったとされる。

国体とは直接関係ない事件だが、ちょうど開催1年前の時期だったこともあり、ムード盛り上げに水を差した。

今回の事業のような公募型プロポーザル形式による業者選定は、競争性や透明性を保ち、特定業者が有利とならないのが狙い。だが評価に恣意《しい》的な要素が入りやすい点で、問題があったと言わざるを得ない。

今後の捜査の進展が注目されるが、「清流」をこれ以上汚すことのないよう望みたい。

反格差デモの行方（2011年10月22日）

先週末、米国や欧州各国はじめ日本でも起きた反格差社会デモ。インターネット上で呼び掛けられ、世界同時多発的な広がりを見せた。

ニューヨークでは「ウォール街を占拠せよ」をスローガンに、数万人が参加。全米各都市にも広がった。ギリシャ危機を抱えるユーロ各国、オーストラリア、韓国、香港、台湾などでも「一部の富裕層に支配される社会」への不満を訴えた。

日本では反原発やTPP反対などを掲げる人々が、100人規模で東京・新宿などを行進したのにとどまった。

要求が国ごとに微妙に異なり、何を目指すかはっきりしないことから、一部の識者やブロガーは「ただのガス抜き」「自分たちも裕福になりたいだけ」などと手厳しい評価を下している。

果たしてそうか。チュニジアの1人の若者の焼身自殺をきっかけに、アフリカや中東のイスラム諸国で圧制を次々倒した民主化運動。ツイッターやフェイスブックなどの交流サイトで呼び掛けられ、ネットを効果的に使った運動の広がりの速さに、支配する側は追い付けなかった。

今回のデモの発火点となった米国では、貧しい若者が競争に勝って巨万の富を築くことをアメリカン・ドリームと呼んできた。そのチャンスが誰にでもあり、その結果生じる格差を許容することが、資本主義の総本山たる米国の「自由」ではなかったか。

いま若者たちが「行き過ぎた格差社会」を批判し、まるで社会主義のようなスローガンを掲げるのは皮肉なことだ。そして運動の飛び火を最も恐れているといわれるのが、共産党独裁下の中国であることも、悪い冗談のように感じられる。

若者を中心とした人々の不満は、マグマのように蓄えられ、一気に噴出する。軽視すると、為政者には取り返しのつかないことになるだろう。

団塊世代の憩いの場

（2011年10月29日）

1947（昭和22）年生まれの人気落語家・柳家権太楼さんは、噺《はなし》に入る前、こんなマクラを好んで使っていた。団塊世代の大量退職が迫り、2007年問題といわれたころのことだ。

中高年夫婦は同じ趣味を持たないほうがいいと、ゴルフ好きの知人夫婦の例を挙げる。

ロングホールで奥さんがドライバーを思い切り振り回すと、カート道路で大きく跳ねてフェアウェイど真ん中。2打目も奇跡的ナイスショットで何と2オン。対する旦那は、グリーン隅に5オンがやっと。ぶぜんとしている。狂喜する奥さん。「イーグルチャンスなんて初めてよ！　これが入れば、もう私、死んでもいいわ」。すると旦那、「じゃあ、OKです」。ゴルフをしない人には分かりにくいオチだが、寄席では中高年男性に受けていた。

いまや第二定年を迎えつつある団塊世代。平日の昼間、図書館に行くと驚かされる。閲覧コーナーで雑誌や新聞を読んでいるのは、ほとんどが60代を中心とした中高年男性。ポスト団塊世代としては、気持ちが暗くなる。

特にサラリーマンは、地域社会と疎遠になりがち。定年退職したからといって、急にはなじめない。妻は友人たちとお出掛け。同好の仲間でもいればいいが、これといった趣味もない。高度成長期に社会に出て、バリバリ働くことばかり考えてきたから。これからはうんざりするほど時間がある。さて、どうしようか。

そうだ、図書館に行こう。金を使わなくてもいいし、世間体も悪くない。きっと充実感もあるはず…。

団塊の皆さん、勝手にシミュレーションして申し訳ない。明日はわが身。ご勘弁を。

岐阜市中心部の岐阜大学病院跡地には、市立図書館が新築移転されるという。おそらく中高年の憩いの場となることだろう。今から待ち遠しい。

じゃばらと富有柿

（2011年11月5日）

和歌山県内の阪和道サービスエリアにある土産品コーナーで、思いがけず「岐阜」の文字が目に入った。同県北山村特産の「じゃばら」に花粉症改善の効果があるのを、岐阜大学医学部のチームが発表したという。

北山村は三重県と奈良県に囲まれ、和歌山県には接しない飛び地。このような市町村は日本中で同村だけ。熊野や大台ケ原に近い山村で、人口は500人を切っている。

じゃばらはかんきつ類で、北山村だけに自生していた交雑種。ゆずやカボス、スダチに近く、「邪気を払う」ところから名が付いたとされる。

村の特産として売り出しを図ったが、芳しくなかった。それが岐阜大学のお墨付きを得たことで急展開。ドリンクやリキュール酒、ジャム、あめ、サプリメントなどに加工して販売し、人気を呼んでいる。ちょうど収穫期に入るところで、果実は今月末ころからネット販売でも手に入る。

濃縮タイプの皮入りドリンクを飲んでみた。酸っぱ過ぎず甘過ぎず、すっきりした後味。花粉症に効果があるかどうかは来春を待ちたい。

岐阜県内では、富有柿収穫の季節。甘柿の収穫量全国一の富有柿は、旧巣南町（瑞穂市）の原産。江戸時代から「居蔵御所」と呼ばれる甘柿があったが、明治中期、福島才治という青年が隣家の老木から接ぎ木した苗の栽培に成功。大粒で甘みが強く果汁に富むことから「富有」と名付けられた。品評会で認められ、全国に知られた。

育てた苗木を独占することなく近隣の農家に分け与えたことで、周辺市町を含めた一大産地となった。県外にも広まり、今では和歌山も有数の産地となっている。

フルーツ王国を掲げる和歌山県の仁坂知事は経済産業省出身で、古田岐阜県知事の後輩。じゃばらといい富有柿といい、少し恩に着せてもいいのではないか。

改めて考えるTPP（2011年11月12日）

野田首相はついに、TPP交渉への参加を表明した。東日本大震災からちょうど8カ月が経つが、復興と原発処理はまだ途上。いまTPP参加を急ぐことが、日本にどんな運命をもたらすか。

TPPについて、いまさら聞けないようなことから考えてみよう。トランス・パシフィック・パートナーシップの頭文字を取った略語で、環太平洋経済連携協定と訳される。シンガポール、チリなど4カ国ですでにスタートし、米など5カ国が参加を表明。環太平洋といいながら、中国や韓国は参加しない。

県内もそうだが、経済界は参加推進、農業関係者は反対と大別される。推進派は、世界の貿易自由化の動きに出遅れており、いま参加しなければ日本の将来はないという。一方の反対派は、国内農業が壊滅的打撃を受けると主張する。TPPは関税撤廃だけでなく、24分野についての包括的協定。金融、保険、医療などの分野での影響を危惧する慎重論もある。

地域間や二国間での貿易自由化協定は、すでに網の目のように広がっている。日本だけがどんな枠組みにも参加せずやっていけるのか。やっていけないなら、どこをパートナーにするか。アジア諸国か、米国主導のTPPか。選択の問題だ。

けれど特定エリアの関税を撤廃すれば、貿易が活発になるのはそのエリア内だけではないか。TPPの場合、GDP（国民総生産）比較では米が7割、日本が2割を占める。これでは実質的に日米二国間協定。「5年間で輸出倍増」を掲げるオバマ米大統領の思うつぼになりかねない。

菅前首相は「平成の開国」と言ったが、明治の近代国家形成への転換点である鎖国からの開国になぞらえるのは、安易過ぎる。国論を二分したままの交渉参加ではなく、民主党政権はまず国の針路を明快に提示し、国民に問うべきだった。

問われる企業の姿勢（2011年11月19日）

日本企業のコンプライアンスが問われている。コンプライアンスとは、企業が法令や規則に従うこと。広義に社会的規範を守るという意味で用いられる。企業倫理を話題にするときによく使われ、守らない企業は社会的信用の失墜を招く。

昨今まず話題になったのは、社長（当時）の巨額借り入れが明らかになった大王製紙。グループ会社に指示し、計106億円を自分の口座などに振り込ませていた。大半を海外のカジノで使ったという。創業家に絶対服従の企業風土で、誰も逆らえなかった。

オリンパスはバブル期の巨額損失を隠蔽《いんぺい》し、不正な会計処理を行っていた。一部経営陣のみに長年引き継がれ、問題を指摘した英国人社長は電撃的に解任された。

プロ野球読売巨人軍の清武代表は、「コンプライアンス上の重大案件」として会見を行い、渡辺球団会長のコーチ人事への介入を非難した。読売グループの絶対権力者として君臨するナベツネ氏に反旗を翻したのには驚かされたが、結局解任。球団内人事をめぐる泥仕合の感は否めなかった。

3件に共通するのは、企業トップに異を唱えることの困難さ。どんな企業でも容易なことではないだろうが、自浄作用を失うほどであってはならない。特にオリンパスの例は海外でも問題視されている。日本企業全体が教訓とすべきだろう。

そしていま最もコンプライアンスを問われるべきは、東京電力ではないか。福島第1原発で津波対策が出来ていないことを以前から指摘されていながら無視し、結果的に今回の大事故となった。

それにもかかわらず、東電の企業責任を追及する動きは鈍い。民主党政権が積極的であるとは言い難い。約22万人の組合員を擁し、原発推進の立場を取り続ける電力総連は民主党支持。そのことがブレーキとなっていなければいいのだが。

若旦那は道楽者

（2011年11月26日）

落語の世界で若旦那といえば、道楽者と決まっている。芝居好きが高じて日常会話が芝居の口調や台詞《せりふ》になったり（七段目）、遊郭通いを禁じられる代わりに吉原を模したセットを二階に作ってもらったり（二階ぞめき）。勘当されて居候しているが、ろくなことをしない「紙屑屋」「湯屋番」「船徳」「唐茄子《とうなす》屋」なども。

余談だが先日亡くなった立川談志さんは、これら若旦那物をあまり演じなかった。なぜだろうか。

それはさておき現代では、紙問屋の若旦那のご乱行が話題となった。海外のカジノで負け続け、子会社などから150億円以上を出させて返済に充てていた。落語ではしっかり者の番頭が若旦那を諌《いさ》めるのだが、そうした立場の重役はいなかったようだ。

逮捕された社長は、製紙会社の御曹司として生まれ、都内有名高校から東大法学部を出て、会社を継いだ。家業には一向に興味がない落語の若旦那たちとは違い、経営手腕を発揮していたという。

その彼がなぜギャンブルにのめり込み、破滅に向かったか。『麻雀放浪記』の阿佐田哲也は、こんな名言を残している。「本当に勝ち抜く奴は、生まれたときからいかなる意味でも祝福されたことのない奴でなければならない」。

だとしたらこの社長は、もとより勝てるはずもなかった。

こんな言葉もある。「もともとギャンブルは自分が神になろうとする遊びなのだ。勝つことが神なのだからね」。

彼は神になりたかったのか。そして億単位の金が瞬時に消えるときに見た深淵は、どんな光景だっただろう。

「ゼロだよ。とにかくゼロに賭けるんだ」（ドストエフスキー『賭博者』）。

そうか、彼は虚無に賭けていたのかもしれない。

ようやく被災地へ（2011年12月3日）

東日本大震災から9カ月近くが過ぎ、ようやく被災地を訪れた。

宮城県石巻市は、最も被害が大きかった市町村の一つ。死亡・不明者は4千人近い。

中心部に小高い日和山があり、その東を旧北上川が海へと流れる。商店街を歩くと、シャッターを閉めた店が目立つ。市街地全域が水に浸かったらしい。

青い水をたたえた川は流れも緩く穏やか。橋の欄干はねじ曲がったまま。右岸に並ぶ民家は津波の逆流で破損し、人が住めない状態。大きなヨットが打ち上げられたまま横倒しになっている。

海に近付くと更地が広がり、転々と廃屋が残る。石巻市民病院も放棄され立ち入り禁止。海岸近くには廃車が何百台、何千台と積み上げられている。さっきからほとんど人に出会わない。

津波直後、流失した油に引火して市内各所で火災が起きた。日和山麓には、外壁が黒く焼け焦げた門脇小の校舎がそのまま残る。割れたガラス窓から教室をのぞくと、机や椅子はそのまま。ペットボトルのふたの詰まったビニール袋も。児童たちが日々集めたのだろう。カラフルさが目に染みる。気になったのは、玄関に供えられた花や縫いぐるみ。児童が犠牲になったのだろうか。

校舎脇から山に登る。散歩中のお年寄りに聞くと、児童は無事だったという。人々は高台に避難したが、家に戻った人が犠牲になったとのこと。

すぐ近くにある日和幼稚園では、送迎バスが津波に襲われ、園児5人が犠牲になった。なぜ園を出発したのかと、親たちが園を訴えている。

もちろん石巻だけではない。福島から岩手まで、海岸沿いの数多くの市町村が甚大な被害を被り、人々の生活が断ち切られた。そのほとんどが私たちと同じ地方の町だということ。そして大都市からの距離が、復旧復興をより困難なものにしていると実感した。

世界に誇るルドン（2011年12月10日）

ルドンといえば、悪魔や死神、異形の怪物などを描いた単色版画を思い浮かべがちだが、黒から色彩へと、年齢を重ねてから変貌を遂げた。パステルや油彩、水彩で色鮮やかな花々や女性を描いた。60歳になって二回り以上も年下の女性に恋心を抱くような、みずみずしい面もあったらしい。

ルドンコレクションで名高い岐阜県美術館には「黒い花瓶のアネモネ」「眼を閉じて」「ポール・ゴビヤールの肖像」などが所蔵されている。

同館では、創設時に安宅コレクションのルドンをまとめて購入し、目玉とした。当時は暗くマイナーなイメージだったことから、批判の声もあった。

ルドンを意識するようになったのは、学生だった1970年代後半。ロッキード事件で田中角栄元首相が逮捕され、オイルショック後で就職活動も間口が狭かった。夢や幻想の世界に題材を求めるルドンの暗さに惹《ひ》かれた。

連作「エドガー・ポーに」の中の「眼は巨大な気球のように無限に向かう」は、暗く混沌《こんとん》とした地上を離れ、世紀末へと飛行するように思えた。

開館から29年を経て新装成った岐阜県美術館。現在は所蔵品展で連作「聖アントワーヌの誘惑」が見られるだけで、展示されているルドンは少ない。

多くは浜松、京都、東京と続く「ルドンとその周辺―夢見る世紀末」展に出張中。来年新春からは東京の三菱一号館美術館で開かれ、岐阜県美術館所蔵品を中心に約130点が展示される。

三菱一号館美術館が新たに収蔵した「グラン・ブーケ（大きな花束）」も含まれる。110年間フランスの古城に秘蔵されていたルドン最大級のパステル画で、日本初公開という。

世界に誇る岐阜県美術館のコレクションは、東京でも話題を呼ぶことだろう。収集に当たった当時の関係者の慧眼《けいがん》に、あらためて敬意を表したい。

そして野球は続く（2011年12月17日）

プロ野球はストーブリーグ真っ最中。来る人去る人。それぞれの野球人生が交錯する。ゲームでも、勝ち負けとは直接関係のないところで、長く印象に残る場面がある。

例えば2007（平成19）年10月7日。引退を表明したヤクルトの古田敦也監督兼捕手が、神宮球場最後の打席に入った。投手交代を告げるブラウン広島監督。登場したのは、なんと前日に引退試合を終えたばかりの佐々岡真司投手だった。あり得ないシーンに、テレビ解説者は言葉にならない声を発して、絶句。泣いていたのではないだろうか。ブラウン監督の粋な計らいに、球場は歓声に包まれた。

その佐々岡投手の引退登板でホームランを打ったのが、横浜（当時）の村田修一内野手。三振の慣例を覆した。見逃せば四球だったが、「佐々岡さんの現役を四球で終わらせるのは忍びない」と強振した結果だった。

さらに2日前の同月4日、ヤクルト横浜戦。多くの若手から「健さん」と慕われる鈴木健内野手が、現役最後の打席に立った。ファウルで粘りに粘ったが、13球目は三塁横ファウルフライ。万事休す。三塁を守る村田選手は、落下地点に入ったが、あえて捕球しようとしなかった。そして15球目、センター前ヒット。一塁上での健さんの笑顔と涙に、球場中が拍手した。15球全てストレートを投げた横山道哉投手もまた「あっぱれ」だった。

先日、巨人入団を発表した村田選手。「優勝争いがしたいという夢が捨てきれない。自分の気持ちにうそはつけない」と決意を語った。「また巨人は4番を金で買った」などと批判の声があるが、FAの権利を得た以上、本人の意思が尊重されるのは当然。難癖を付けられる筋合いはない。

来季はダルビッシュ投手はじめ、多くのスター選手が米大リーグへと去る。けれど、日本の野球も捨てたもんじゃない、と思いたい。

「北朝鮮の春」を待つ（2011年12月24日）

あっけない最期だった。急性心筋梗塞のため列車内で死去したとされる北朝鮮の金正日総書記。「アラブの春」と呼ばれる民衆の抗議行動が活発化した今年、独裁的で抑圧的な政権は次々に倒された。リビアのカダフィ大佐の末路と比べれば、幸福な死といえるだろうか。

1991（平成3）年7月、石井一代議士（当時自民）を総団長とする全国日朝友好促進議員連盟訪朝団に同行し、北朝鮮を訪れた。県内からは渡辺嘉蔵代議士や松永清蔵、船戸行雄、山田桂の3県議、市議町議らが参加していた。3県議はいずれも故人。時の流れを感じる。

初めて見る平壌の街並みは人工的で、ディズニーランドを連想した。郊外に出ると、人々は集団で道路修復などの屋外作業にあたっていた。昭和30年代の日本の農村風景を見るようだった。

まだ拉致問題の存在はほとんど知られておらず、同じ空の下に日本人被害者が暮らしているとは認識していなかった。

最高権力者だった金日成主席とは招宴で握手したが、後継者とされていた金正日書記（当時）には会えなかった。海外メディアには全く姿を見せず、謎に包まれていた。

あれから20年。表舞台に立った金総書記は軍事優先路線を取り、核開発やミサイル実験を強行。テロや軍事的挑発を繰り返した。国内経済は疲弊し、国民は貧困や飢餓に苦しんでいる。

野田首相は「（金総書記死去が）朝鮮半島の平和と安定に悪影響を与えないよう期待する」などと語ったが、現状を「平和と安定」と肯定的に表現するセンスは受け入れ難い。

毎年のように食糧危機が伝えられる北朝鮮。寒く厳しい冬は、これからが本番。クリスマスを祝う習慣はないだろうが、人々のために祈りたい。一日も早く「春」が訪れ、民主化が実現しますように、と。

2011年の最後に（2011年12月31日）

大晦日《おおみそか》。大震災と原発事故の年として後世まで記憶されるに違いない2011（平成23）年が、暮れようとしている。

来年はいい年になるだろうか。言説曖昧な野田首相の下、復興や原発処理より消費税増税が最優先課題。政権党のマニフェストは次々に反古《ほご》になった。政治の動きを見ると気持ちが沈んでゆく。

こんな言葉を思い出した。「アカルサハ、滅ビノ姿デアロウカ」（太宰治『右大臣実朝』）。そして、こう続いている。「人モ家モ、暗イウチハマダ滅亡セヌ」と。

中途半端で安易な希望は、かえって絶望を深くする。ぎりぎりから出発してこそ、再生がある。そう解釈したい。

思い起こすのは、本巣市越波。根尾西谷川の水運を利用した林業で栄えたが、いま籍を置く住民は兄弟2人だけ。廃村寸前で踏みとどまる。冬季は雪で立ち入れない。今年再建された寺の鐘楼は、人知れず積雪の重みに耐えているだろうか。

明と暗、希望と絶望について、忘年会疲れの頭でぼんやり思いを巡らしていると、こんな言葉も浮かんできた。「すこぶる愉快な絶望」。30年近く前に亡くなった詩人・鮎川信夫の最後の評論集のタイトルだった。

鮎川のルーツは郡上市白鳥町石徹白。父の故郷であり、鮎川自身もここで終戦を迎えている。

県内でまれな九頭竜川流域に位置する石徹白は白山信仰の地。白山中居神社を中心に神に仕える人々が暮らし、どの藩にも属さず年貢は免除されていた。有数の豪雪地帯で、現在は人口減少と高齢化が進んでいる。

石徹白への上り口手前にある長瀧白山神社の宮司・若宮多門さんの寄稿「神々に学ぶ～白山文化通信」と、清流と人々の関わりを探るカラー企画「川賛歌」が新春から始まる。上流へ、人影少ない地へと分け入れば分け入るほど、何か確かなものがある予感がする。

唐土の鳥はどんな鳥

（2012年1月7日）

きょうは五節句の一つ「人日」。今年の無病息災を願い、セリ、ナズナなど春の七草を入れた粥《かゆ》を食べる日でもある。

前の晩に「七草なずな、唐土の鳥が、日本の土地へ、渡らぬ先に、トトントトン」などとはやし歌を歌いながら七草を刻み、翌朝粥に入れる。

地域により歌詞は微妙に異なるが、広く日本各地で行われていた風習。学生だった昭和50年代前半、民俗調査に訪れた静岡や長野の農山村ではまだ伝えられていた。村落共同体の崩壊が進んだ現在ではどうだろうか。

「唐土の鳥」とは、中国から渡って来る鳥。作物に食害を与えたり、疫病を運んで来たりすると考えられていた。今で言う鳥インフルエンザか。中国からの脅威は、近代以前からの共通認識だったのかもしれない。

先月発表の内閣府「外交に関する世論調査」によると、中国に「親しみを感じない」と答えた人は71・4％に上る。日中関係を「良好と思わない」は、76・3％。いずれも前年より改善傾向にあるものの、友好的な関係とは言い難い数字だ。

その根底にあるのは、尖閣諸島問題や歴史認識問題での強硬姿勢に対する反発か。急激な経済拡大によって、日本の地位が脅かされていることもあるだろう。

同じアジアの隣国でも韓国との関係は、最近10年ほどで劇的に変わった。ドラマや映画、K―POPを中心とした韓流ブームの影響は大きい。文化面からの交流で、国民の意識は一変した。

今年は日中国交回復から40年。それより10年先んじて、岐阜市と杭州市は「日中不再戦」の碑文を交換している。国同士ではなく、自治体や民間レベルでの交流に先鞭《せんべん》を付けた。

来月には岐阜市の訪問団が杭州市での50周年記念式典に参加する。交流の原点を再確認して、日中間のわだかまり解消につながればと願う。

春を待ちながら

（2012年1月14日）


冬晴れの日。少しずつだが陽光が強くなり、日脚は長くなってきたのを実感する。

1年のうちで最も昼の短い冬至のころからは、まだ1カ月もたっていない。人の体や感覚は、春のかすかな気配をいち早く探すようにできているのだろうか。

「光の春」という言葉がある。もとはロシア語の言い回しだという。長く厳しい寒さの中で、光のきらめきを感じた喜びが伝わってくる。

今年ほど、春を待つ年はないだろう。けれど春には、あの日もまた巡ってくる。3月11日。震災被災地の人たちは、どんな思いで迎えるのだろうか。

私たちは、少しでも希望の持てる明るい話題をと心掛けて、震災後の報道に努めてきた。悲しみをこらえて、懸命に頑張る人々の様子を伝えてきた。

だが被災地では、雇用の場がなくなり、職を失ったままの人々が多いという重い現実がある。特例措置により延長された失業手当の給付期間も、ここに来て切れ始めている。被災者の生活再建なくして、地域の復興があり得ないのは言うまでもない。

その一方で、「復興バブル」との捉え方がある。決して耳触りのいい言葉ではないが、復興関連の需要による活況で、仙台を中心に消費も好調だという。長く不況に苦しんできたゼネコンなど土木建築業界は、息を吹き返した感もある。

残念ながら復興関連には短期の仕事が多く、安定した雇用には結びついていない。国が主導して、このミスマッチを解消できないものか。発足した野田改造内閣には、消費税増税に前のめりになるより、この点を強く望みたいのだが。

これから2月初旬までが、寒さの底。厳しい現実と向き合い、辛いことも臆せず伝えていきたい。春は近い、と信じながら。

出色のテレビ小説（2012年1月21日）

NHKの連続テレビ小説「カーネーション」が面白い。ファッションデザイナー「コシノ三姉妹」の母となる小篠綾子さんをモデルに、昭和をたくましく生きた女性の生涯を描いている。

舞台は大阪・岸和田。勇壮な「だんじり祭」を生き甲斐とする商店街の住人たちは、戦争の暗い影が差してきても明るさを失わない。

ミシンに魅せられた呉服屋の娘糸子は、女学校を中退して裁縫の道を選び、やがて洋装店を開く。夫の戦死をはじめ身内や知人を失っても挫《くじ》けず、3人の娘を育てる。

8月15日、日本の敗戦を知った糸子は仏壇に手を合わせた後、無表情で「さあ、お昼にしよけ」とつぶやく。斬新な描き方に不意を突かれた。

ミシン供出を迫るなど何かにつけて威圧的だった国防婦人会長が、米よこせ運動のリーダーとなって現れる。「要は説教できたら何でもええんですね」と洋装店員。いつの世も同じか。ドラマの底流にあるのは、上方の反骨心だろう。

　糸子役の尾野真千子をはじめ、脇を固める面々も達者ぞろい。戦中戦後の描き方も、べた付かず嫌味がない。登場人物たちとともに、昭和という時代を生き直しているような気にさせられる。

　NHKのテレビ小説や大河ドラマには、地域起こし効果も期待される。県内を主な舞台にしたテレビ小説は、2002(平成14)年の「さくら」。起し太鼓や白壁土蔵の街・飛騨古川を一躍全国区にした。

　大河ドラマでは1973(昭和48)年の「国盗り物語」。松坂慶子の濃姫が人気を呼び、岐阜城の年間入場者が40万人を超す観光ブームに沸いた。1992(平成4)年の「信長KING OF JIPANG」では、岐阜市太郎丸に組まれた広大なオープンセットが話題となった。

　NHKのドラマ頼みも癪《しゃく》だが、そろそろ良質な岐阜の物語が見たい。

近頃の若い者は

（2012年1月28日）

世界最古の粘土板に刻まれていた古代文字が、出土してからかなりの歳月を費やして、ようやく解読された。果たして何が書かれているか。全世界が注目する中、発表された訳文には「近頃の若い者は…」とあった。

残念ながら実話ではなく、小話の類いらしい。いつの時代にも、若者の行動は年長者にまゆをひそめさせるようだ。

ところが最近、日本の若者は妙におとなしいといわれる。インドア志向が強まり、内にこもりがち。これほどの就職難でも、自分だけはと信じて狭き門に挑む。社会への反抗や政治への異議申し立ては影を潜めた。

東大が秋入学への移行検討を打ち出し、国立大の4割が同調の意向を示している。岐阜大学は「現段階では不明」とするが、有力私大を含めた10校ほどで4月にも協議が始まりそうだ。

秋入学は、世界の大勢に合わせることで、優秀な留学生や帰国子女を確保しやすくする狙い。海外から日本の大学への留学生は、欧米有力大学に比べて驚くほど少ないという現実が背景にある。

逆に海外に留学する日本人学生の数でも、中国や韓国に大きく水をあけられている。そんな内弁慶の気質を変える特効薬となるだろうか。

昨年、抑圧的な政権を次々倒したアラブの春と呼ばれる抗議行動や、米ニューヨークで始まった反格差デモでは、若者が大きな役割を果たした。そのうねりは欧州やアジアにも広がりを見せた。

ニューヨークの反格差デモは、冬の厳しい寒さで気勢をそがれた格好だが、春になれば再び勢いを増すとの見方がある。経済危機の欧州をはじめ、状況は一向に変わっていない。若者を中心とした抗議行動が、世界各地で再燃しそうだ。

それに比べて日本では…と書こうとして、いま気付いた。自分が「近頃の若い者は」と繰り言を並べていることに。

東濃東部に注目（2012年2月4日）

ぎふ清流国体冬季大会のスケート競技を観戦した帰途、少々回り道をしてみた。会場の恵那市武並町から山岡町、明智町を経て瑞浪市へ抜けた。

恵南地域は岩村町くらいしか訪れたことがなかったので、里山を縫う道路沿いの風景が新鮮。東濃牧場、飯高観音、寿老の滝、爪切地蔵、日本大正村など、興味深いスポットへの案内表示が次々に現れる。残念ながら時間に余裕がなく、次回の楽しみとした。

やがて、道路と並行して明知鉄道のレールが走るようになる。1月29日付見開き広告特集で明知鉄道沿線の魅力を紹介していたが、持参していないのを悔やんだ。

終着駅の明智に寄ってみた。ホームへの両開き扉に岐阜新聞電子号外が張られ、スケート競技での県勢優勝を速報している。東濃はJR中央線で岐阜より名古屋に近い。そんな地理的条件もあり、弊紙は販売面で苦戦を強いられている。号外を見てうれしくなった。

その翌日、名古屋で日本芸術文化振興会顧問の織田紘二さんの「芸と人～尾張名古屋は芸処」と題する講演を聴いた。

江戸時代から名古屋では、江戸と上方の両方の芸能が集約的に演じられてきた。特に歌舞伎では観客の目が肥えており、つまらなければ一斉に塩せんべいをかじり、台詞が聞こえないようにするほどだったという。

尾張藩の庇護《ひご》もあり、中津川や飯田、伊勢などにも伝えられ、地歌舞伎が盛んになった。東濃歌舞伎保存会には現在、中津川市、恵那市、白川町の15団体が加盟している。

中津川が6、恵那市は8で、恵那のほうが多いのは意外だった。

中津川市西部にはリニア中央新幹線の駅設置が決まっている。2027年に東京—名古屋間が先行開業され、首都圏とは1時間以内で結ばれる。東濃東部は大きく変わる要素を秘めている。この際もっと目を向けたい。

誤報はなぜ起きたか

（2012年2月11日）


起きてはならない紙面掲載上のミスが起きてしまった。6日付本紙朝刊で掲載した大分県の2歳女児不明事件の記事で、死体遺棄容疑で逮捕された母親とした顔写真は、別人のものだった。

写真を入手した共同通信社が、写っている人物の確認作業を十分に行わないまま配信したことによる。元の写真には「娘を抱く母親の容疑者」として幼児も写っていたが、2人とも別人だった。

共同通信加盟の地方紙やスポーツ紙など40紙以上が掲載。本紙は紙面の都合上、母親の顔のみを切り出して使った。事件とは無関係な人物を容疑者、被害者としたことで、関係者や読者に計り知れない迷惑をかけてしまった。掲載紙として重く受け止め、共同通信に対して再発防止を強く求めるとともに、自社取材の在り方を徹底したい。

誤字脱字や事実誤認など、記事中のミスはなかなかなくならない。防止に努めてはいるが、その目をすり抜けるように起きてしまう。

15年近く前、「誤報、虚報の歴史に学ぶ」とのテーマで局内勉強会を開いた。そのときの資料を引っ張り出してみると、戦後三大誤報として▽共産党幹部・伊藤律架空会見（朝日）▽日航もく星号墜落の死者架空談話（長崎民友）▽実際には見えなかった皆既日食観測（共同）を挙げていた。

さらに▽サンゴ損傷自作自演（朝日）▽グリコ森永犯取り調べ（毎日）▽連続幼女誘拐殺人犯のアジト発見（読売）が平成三大誤報とされる。

半数は誤報と言うより意図的なねつ造記事。他にも松本サリン事件など、警察発表に沿って被害者を犯人扱いしたケースも罪が重い。

なぜ今回のミスが起きたかについては、検証記事を明日掲載する予定。ペンは使い方を一歩間違えば凶器となることを、あらためて自戒したい。

人生に七味あり

（2012年2月18日）

世の中に経済小説というジャンルがあるのを知ってはいたが、ほとんど読んでこなかった。本棚を見渡してみる。アーサー・ヘイリーの『マネー・チェンジャーズ』。ジェフリー・アーチャー『百万ドルを取り返せ！』。高木彬光『白昼の死角』。それらしい書名は極めて少ない。

作家の江上剛さんに、弊社懇話会の講師をお願いした。江上さんは旧第一勧業銀行（現みずほ銀行）支店長だった2002（平成14）年に、メガバンク合併を巡る暗闘を描いた『非情銀行』でデビュー。その後銀行を辞め、経済小説やビジネス書を精力的に発表するとともに、テレビのコメンテーターとしても活躍している。

ほとんどお話ししたこともないが、大学のサークルの先輩でもある。これはまずいと、デビュー作と最新作を読んだ。

『非情銀行』（新潮文庫）では、合併に向けて非人間的なリストラを押し進め、不正融資に手を染める銀行上層部とそれに連なる闇の勢力に、たった4人の行員が嫌がらせに屈せず戦いを挑む。

最新作『人生に七味あり』（徳間書店）は、メガバンク合併後の物語。主人公は財閥系銀行出身者にポストを奪われ居場所を失う。狂言回しのように登場する辻占いの老婆に「人生には、うらみ、つらみ、ねたみなど七つの隠し味がある。それらが効いてこそ人生に深い味が出る」と諭される。

関連会社出向を命じられたのを機に飲食フランチャイズ会社に転身するが、そこには巨額の負債が隠されていた。七つの隠し味が次々に降り掛かってくる。逃げないで苦闘する主人公に、女性従業員が訴える。「社員に夢を与えてください。私たち社員は、夢さえあれば一生懸命に働くことができるのです」。

シンプルなメッセージに、虚を突かれた。実人生でも、誠実で真っすぐな生き方が報われると信じたい。

春が来るのは

（2012年2月25日）

庭の山茱萸《サンシュユ》のつぼみが膨らんできた。春の訪れをいち早く知らせる花木の一つで、葉が芽吹く前に小さな黄色い花を付けることから、春黄金花《はるこがねばな》の異名がある。

寒さも少しずつ緩んできた。身近に春の気配を見つけたいころ。

「はるがくるのは　よくわかる　まつげのねっこが　しゅんしゅんうるむ」。詩人で童話作家の工藤直子さんは、春の訪れを、擬人化した子リスに託してこう表現している。工藤さんは「ピンポン」などの漫画家・松本大洋さんの母でもある。これは余談。

「のはらうた」をはじめとする工藤さんの詩の絵本を知ったのは、子どもたちがまだ幼かった20年ほど前。編集内勤から初めて取材記者として外に出て、西濃支社に勤務したころだった。

担当地域は大垣市を挟んで、旧安八郡4町と不破郡2町。揖斐川の堤防沿いに、毎日のように車を走らせた。

最初の冬。伊吹おろしは強くても、水辺や土手の草木が日に日に緑を増すのがよく分かった。

植物が地表に張り付くように、葉を平らに伸ばした状態をロゼットという。その典型はオオバコやタンポポ。人に踏み付けられるような場所で生育することから、「踏み跡植物」とも呼ばれる。

前年の終わりに芽を出す越年草には、冬の間はロゼットで力を蓄え、春に空中に葉を持ち上げて成長するものが多い。アブラナ、マツヨイグサ、ノゲシなどの仲間は、土手や河原によく見られる。

揖斐川の緑も、これら越年草だろう。春は川沿いにやって来ると感じたのを、工藤さんの詩とともに思い出した。やがて昆虫や水の中の魚も姿を見せて、活発に動き回るようになる。

今日は岐阜大学など国公立大2次試験前期日程、来月13日には県立高校入試が行われる。受験生には試練の日々が続く。

春はすぐそこまで。

頑張れと言えなくて（2012年3月3日）

このコラムを始めて1年余り。唯一ボツにした昨年夏ごろの原稿が残っていた。あえて付けたタイトルは「頑張れ、菅首相」。以下はその要旨。

リーダーシップがない、決断力不足と言われ放題の菅首相。原子力発電をクリーンエネルギーとして推進するエネルギー基本計画を白紙に戻すと表明しても、一向に評価は上がらない。浜岡原発の運転停止を中部電力に求めたときは、独断すぎる、場当たり的だと批判された。

未曽有の大災害で比べる前例がないにもかかわらず、無策だ無能だとの大合唱。菅首相が辞めさえすれば、日本はよくなると言われ続けている。

唐突に政権を投げ出した近年の首相たちに比べれば、その粘り腰を評価する声が上がってもいいのでは。どうやら人徳や人望に欠けているのは事実らしい。ただ、「頑張れ、菅首相」と言いたくても言えない全体主義的な空気があるとしたら、そのことこそ問題だ。

◇

当時の菅降ろしの異様な高まりは何だったのだろう。それが分からず迷っているうちに局面が変わり、紙面に載せる時期を逸してしまった。

そして野田首相に交代して半年。大震災1年を前に、復興や原発事故対策より消費税増税が優先されている。なぜか批判の声は高まらない。産業界や財務省の意向に沿った政権運営だからか。

まるで天才バカボンのパパのような大臣の起用は、国民を脱力させて批判の矛先を鈍らせるためとしか思えない。

今週初め、福島原発事故独立検証委員会（民間事故調）は、「菅前首相ら官邸による現場介入は泥縄的で、無用な混乱により状況悪化の危険性を高めた」などとする報告書を公表した。「（子どものサッカーのように）一つのボールに集中しすぎた」と手厳しい。

やはり菅擁護論は成り立たなかったか。

子どもたちのために（2012年3月10日）

もしも人類が生殖能力を失い、子どもが全く生まれなくなったら。映画「トゥモロー・ワールド」（2006年、英・米）は、そうなってから18年が経過した近未来を舞台にしている。世界は荒廃し、かろうじて国家秩序を維持する英国でさえ治安は悪化、ロンドン市街地でも爆弾テロが頻発している。エネルギー省に勤める主人公は、奇跡的に子を身ごもった黒人女性と出会う。人類に残された唯一の希望である彼女を守って、地獄巡りのような逃避行を続ける。

手あかの付いた言葉だが、子は国の宝。

大津波に襲われた宮城県石巻市の海沿いの地域に、廃虚のように立つ校舎があった。昨年暮れのNHK紅白歌合戦で、長渕剛が校庭で歌った門脇小学校だ。

教室内には机や椅子が散乱したまま。校舎外壁は黒く焼け焦げ、津波の後に火災が起きたことが分かる。水と炎。災禍が児童たちをのみ込もうとした。危うく裏山に逃げて全員無事だったが、同じ市内の大川小では多くの児童が犠牲になった。

隣の福島県では原発事故警戒区域や計画的避難区域に数多くの学校があり、休校や移転を強いられている。

半年前に豪雨災害に見舞われた和歌山県那智勝浦町を、先ごろ訪ねた。町長の妻子が自宅ごと川に流されて犠牲になった山あいの現場近くに、小学校が立ち入り禁止のままになっていた。

大災害があるたび、まず子どもたちのことを思う。子どもたちが以前と同じように地域で暮らし、学べるようにすることこそ復興ではないか。

岐阜県内の山間地を行けば、廃校になった小中学校を必ずと言っていいほど目にする。地域の中で子どもたちを学ばせることができなくなれば、地域の衰退に拍車が掛かるのは自明のことだ。

被災地の問題は、私たちの問題と重なる。

贈られた言葉（2012年3月17日）

卒業の季節。

今ごろになると、高校時代の世界史の先生のことを思い出す。

俳優の三谷昇をもっとインテリにした感じの風貌。ちょっとニヒルでかなりシャイだった。

3年生最後の授業。ちょっと気恥ずかしそうにしながら、贈る言葉があるという。意外だった。

簡単な口上に続いて、「インク瓶の蓋《ふた》を開けると　そこには青い海があった」。意味を考えてみて下さいなどと言って、さっと教室を出て行った。

井上靖の言葉だった気がするが、調べてもなかなか出てこない。言い回しが違うのかもしれない。遠い昔のことで定かではない。

ようやく探し当てたが、記憶とは少し違っていた。それは井上靖の「明方《あけがた》」という詩の、書き出しの一節だった。

「新しいインキ壜《びん》の蓋を開けると、ブルー・ブラックの深海がある」

そしてこう続く。

「太平洋もインド洋も、これに較《くら》べると何と小さいことか」

先生が伝えたいことはよく分かった。うろ覚えでも、ずっと心に留めてきた。

そして40年近くが過ぎた今、卒業をめぐる嫌なニュースで現実に引き戻された。

橋下徹大阪市長の友人で民間から採用された大阪府立高の校長が、卒業式の君が代斉唱の際、教職員の口元を見て歌っているかどうかをチェックしていた。

府教委の教育委員長はやり過ぎと苦言を呈したが、橋下市長は「当然の行為だ」と校長に賛辞を贈ったという。

国政への進出に意欲満々だといわれるが、このような人物がさらなる権力を手中にしたらどうなるか。

君が代を歌っていないとみなされた生徒は、その場からどこかへ連行されて戻って来ない…。そんな近未来が訪れることを恐れる。

大山白山神社にて（2012年3月24日）

「あれは白山！」。幾重にも連なる山並みの彼方《かなた》に、純白に輝く山があった。古くから神々の座と呼ばれてきた霊峰の姿に、思わず息をのんだ。

岐阜、石川、福井3県にまたがる白山連峰は、美濃の平野部からは見えにくい〝幻の山〟。標高862メートルにある加茂郡白川町の大山白山神社からの眺望は、絶景だった。

奥の院裏手に立てば、大日ケ岳から白山、北東の御岳まで一望でき、乗鞍も顔をのぞかせる。社殿の南からは恵那山や笠置山、遠く愛知県小牧市の街並みまで見通せる。

訪ねたのは春季大祭の前日。読者で白川町在住の今井明夫さんから、社殿を開けるので貴重な絵天井を見ることができると誘っていただいた。

国道41号を折れてから車で20分以上かかる。樹齢1200年の大杉をはじめ杉やヒノキの森に囲まれ、大気は清明。社殿と周辺では大祭準備の人々が立ち働いていた。

絵天井とは社殿の天井にはめ込まれた32枚の色彩画。寛政期の作で花や動物、人物が描かれている。氏子総代副会長の渡邉恒雄さんによれば、1枚1枚が杉の丸太を半分に割った中面に描かれ、伊勢湾台風で屋根が飛んでも色あせなかった。

県内には525社の白山神社があり、全国で最も多い。白山信仰は神仏混淆《こんこう》の宗教。明治維新後の神仏分離政策は、寺院や仏像を打ち壊す廃仏毀釈《きしゃく》に発展した。加茂郡などを治める苗木藩では、とりわけ苛烈《かれつ》を極めたという。大山白山神社の十一面観音などの仏像は、村人の手で天領である麓の白川沿いに移され、危うく難を逃れた。

その後も白山信仰を中心とする地域の暮らしや文化は、脈々と受け継がれてきた。近年はパワースポットとして注目され、遠方から若い人が訪れるという。

多くの謎を秘めるといわれる白山信仰。興味は尽きないが、それはまた別の機会に。

吉本隆明氏と反原発

（2012年3月31日）

「戦後思想界の巨人」で詩人の吉本隆明氏が亡くなり、半月が過ぎた。いまも各紙に追悼の寄稿文やコラムが断続的に掲載され、ショックの大きさがうかがえる。

ただ、「大衆に寄り添った」とか「よき家庭人」とか、優等生的な文章が多いのは気になる。吉本氏の著作と切り結んだ団塊以前の世代が、現役の記者や評論家に少なくなったせいか。

1970年代後半に学生生活を送った者にとって、吉本氏はもはやカリスマ的存在だった。誰の下宿に行っても、書棚に氏の著作が何冊か並んでいた。

民俗学をかじっていたので、まずは柳田國男の『遠野物語』をテキストにした『共同幻想論』を手に取った。その内容は難解を極め、よく理解できないままになった。

時代状況への発言は痛烈で、論敵批判は容赦なく、罵詈雑言《ばりぞうごん》の限りが尽くされた。青春期特有の神経衰弱に陥りそうなとき、プロレスを1面に展開する東京スポーツや、氏の著作を読むことが格好のカンフル剤だった。

1980年代の反核署名運動やチェルノブイリ事故後の反原発運動への批判は、記憶に新しい。「誰からも非難や批判を受けなくてすむ正義」を振りかざすことは「社会ファシズム」だと断罪した。

3・11以後も、原発について「科学を後戻りさせるという選択はあり得ない。それは人類をやめろというのと同じ」などと発言。最後まで頑固親父《おやじ》であり続けた。

時代状況の変化とともに、評論や批評も古びていくだろう。けれど、おそらく詩は色あせない。

「ぼくがたおれたらひとつの直接性がたおれる　もたれあうことをきらった反抗がたおれる」（「ちいさな群《むれ》への挨拶《あいさつ》」）。

今では普通に使われる「自立」も、氏の用語だった。孤立無縁を恐れない存在が消えて、「口あたりのいい正義」を唱える人々が幅を利かせる。

たばこを吸う自由（2012年4月7日）

たばこをやめて25年。今では他人の煙が気にもなる。それでも、喫煙を法律で規制してほしいとは思わない。

厚労省は、喫煙者率削減の数値目標設定を進めている。がん対策や国民の健康づくり推進のためだという。

具体的には、現在20％を少し下回る成人喫煙率を2022年度までに12・2％に下げる。特に受動喫煙には厳しい。職場、家庭、飲食店にまで目標が設定されている。

今国会で労働安全衛生法の改正が成立すれば、2020年度までに職場を全面禁煙か完全分煙にすることが、事業者の義務となる。医療機関では2012（平成24）年度診療報酬改定により、屋内を全面禁煙にしない場合、報酬が減額される。

そこまではまだ分かるが、家庭での分煙・禁煙目標まで、なぜ国によって定められねばならないのか。家庭や個人への過剰な介入は、君が代を歌う姿勢にまで言及した橋下大阪市長にも通じる。

一連の政策には、「たばこは1箱700円にすべき」と言った小宮山洋子厚労相の意思が色濃く反映されているらしい。

ならば思い出してみよう。たばこは大人の嗜好《しこう》品だった。背伸びしてたばこを吸い始めたころ、映画の中のハンフリー・ボガートやアラン・ドロンの吸い方にあこがれなかったか。副流煙が気になるからといって、「ティファニーで朝食を」のオードリー・ヘプバーンを嫌いになるだろうか。

近年ではハーヴェイ・カイテル主演の「スモーク」。ニューヨーク・ブルックリンの街角のたばこ屋を舞台に、さまざまな人間模様が交錯する。スタンダード・ナンバーの「煙が目にしみる」が流れ、見終わると紫煙をくゆらせたくなる。

勝新太郎さんや立川談志さんは、がん手術後の会見で、堂々とたばこを吹かして見せた。実際の命より、精神の自由を失いたくなかったのではないか。

震災がれきの行方

（2012年4月14日）

東日本大震災から1年が過ぎたが、復興復旧には難題が立ちはだかる。震災がれきの処理。政府が全国の自治体に広域処理の受け入れを求めていることに、反対の声が挙がる。これまで「頑張ろう」「ひとつになろう」と励まし合い、「絆」で国難ともいうべき非常事態を乗り切ろうとしてきたが、情緒的な気分だけでは済まなくなった。

岩手、宮城両県の震災がれきは計約2千万トン。通常廃棄物の11～19年分という。政府が県外処理を検討しているのはこのうち約400万トン。

都道府県と政令市の約半数が前向きだが、岐阜県内では明確に受け入れ表明した自治体はない。県は本巣市と加茂郡白川町の民間2施設に、原料や燃料としての受け入れ可否の検討を要請する。

受け入れ拒否の自治体や、反対する市民団体の主張を要約してみる。

▼放射性廃棄物に対する安全性の確証が得られるのか

▼封じ込めが原則の放射性廃棄物をなぜ拡散させるのか

▼農作物などへの風評被害を懸念

市民団体の中には、震災以前から反原発を掲げてきた団体も多いと思われる。抗議電話を集中させるといった手法は、自治体を及び腰にさせる点では効果的かもしれない。ただし多くの理解を得るのは難しいだろう。

放射性廃棄物は発生地域封じ込めが原則というが、都道府県という行政区分内でなければいけないのか。国全体で考えられない論拠はあるか。

一方、被災地の自治体からは「地元に処理施設を造る方が効率的で、復興も早く進む」との声が挙がる。「地元雇用になり、金も落ちる」とも。

放射性物質の安全性については、不安解消への議論は尽くされねばならない。ただし反対のための反対では、住民エゴのそしりを免れない。「頑張ろう」と言った私たち自身が問われている。

能郷と美江寺と（2012年4月21日）

年に一度しかチャンスのないものを、相次いで見ることができた。どちらも白山信仰に縁がある。

去る13日、旧根尾村（本巣市）能郷の白山神社で、国指定重要無形民俗文化財の能狂言が演じられた。能郷は岐阜市中心部から車で約1時間、根尾川沿いを雪の残る能郷白山を目指して進む。

能狂言の舞台は、両側から山の迫る道沿いに建つ白山神社の一角。舞台前に敷かれたシートに座り、客数十人が見守る。

能「式三番」に始まり狂言「丹波淡路」が滑稽に演じられる。能と狂言が交互に続く。一昨日、岐阜市で見た野村万作・萬斎父子の洗練された芸とは異なり、素朴な所作や節回しが特徴。現代各流派に伝わる能以前の、猿楽の名残を伝えているという。

猿学衆と呼ばれる16戸に口伝で代々伝えられてきた伝統芸能を、地域で守っていこうという熱意は十分に伝わってきた。

昼食抜きで車を飛ばしてきたため、境内の出店で古代米入り芋もちを購入。地元の女性たちが炭火で香ばしく焼き上げ、エゴマ味噌の甘いたれをたっぷり絡める。おいしさに驚いた。

そして18日、岐阜市の美江寺観音で秘仏十一面観音立像の開帳が行われた。十一面観音は白山神が姿を変えた本地仏とされ、岐阜は滋賀などに次いで数が多いとされる。美江寺の寺伝によれば奈良後期の作。伊賀から本巣・美江寺宿に伝わり斎藤道三によって現在の地に移されたという。
5、6頭身でお世辞にも優美とはいえない。口をへの字に曲げ、子どもがむくれたような表情で面白い。白洲正子さんは著書『十一面観音巡礼』でこの像に触れているが、結局見たとは書いていない。白洲さんお気に入りの安八郡神戸町の日吉神社の十一面観音坐像にも、どこか似ている。
見逃した方は、また来年。

検察が変えたもの（2012年4月28日）

26日午前10時を50秒ほど過ぎ、重大ニュースを速報する共同通信のチャイムが編集局のフロアに響き渡った。

検察審査会による強制起訴で政治資金規正法違反罪に問われた小沢一郎民主党元代表に対して、無罪の判決が下された。

党代表辞任から約3年、幹事長辞任から約2年。小沢氏が表舞台から排除されなければ、東日本大震災を経て現在に至る政治の流れは、全く違っていただろう。

「国民の生活が第一」「官僚主導から政治主導へ」などを掲げて政権の座に就いた民主党だが、その後大きく変質。野田首相はマニフェストになかった消費増税に政治生命をかけるとしている。

検察当局の極めて恣意《しい》的な捜査と、裁判員制度と同時に採用された検察審査会の強制起訴制度が、この国のありようを変えたことは確かだ。

今回の裁判は、素性の知れない人物あるいは団体が「不起訴不当」と訴えることから始まった。「起訴相当」と議決した検察審査会は密室で開かれ、どのような議論がなされたか明かされない。

取り調べに当たった田代政弘検事による調書ねつ造が、強制起訴後に明らかになった。元秘書の石川知裕衆院議員の供述調書は証拠採用されなかった。それらは判決でも厳しく指摘された。

田代検事に対する公文書偽造容疑での強制捜査は、見送りの方向とされる。だがその後の政局に与えた影響を考えれば、村木厚子元厚労省局長に対する大阪地検特捜部の前田恒彦検事による証拠でっちあげ事件以上に悪質といえるだろう。

そもそも検察が不起訴としたことに対する市民の異議申し立ての権利を明確にすることが、検察審査会制度改革の主眼だったはず。今回の無罪判決により、制度見直し論が再燃することは必至。検察の在り方自体が、あらためて厳しく問われねばならない。

花の盛りの東北で

（2012年5月5日）

今さらだが、桜は人の心を情緒的にさせる。先週末、東北南部は花の盛り。5カ月ぶりに訪れた宮城県石巻市では、日和山の山腹や山頂が白いベールに覆われていた。南に広がる津波被害地域は、ほとんど変わっていない。がれきの山や廃車置き場もそのままだ。

南に下った福島県飯舘村。計画的避難地域に指定され、人の気配がない。ここでも小学校校庭や道路脇に、見る人のいない桜が咲き誇る。

福島を案内してくれたのは伊達市在住で高校校長の知人。津波襲来時は相馬市の海浜自然の家所長だった。職員らと車で3キロ離れた高台の小学校まで逃げ、難を逃れた。津波を目の当たりにしてから感情がなくなり、しばらくは涙も出なかった。去年の桜は、なぜこんなときに咲くのだろうと恨めしかった、と振り返ってくれた。

南相馬市原町区萱浜。石巻よりはるかに広い更地に息をのむ。がれきは集積され、人影はない。

津波で削られた岬を望む区画に、細い材木を立てている男性がいた。先に矢車が付いている。こいのぼりを飾るのだろう。ここに子どもと暮らしていたのだろうか。

声を掛けられないまま街に戻ると、道の駅の一角で写真展が開催中。撮影者は地元写真家の大槻明生さん（78）。震災後の被害状況が克明に記録されていた。

風に泳ぐ3匹のこいのぼりを写した1枚があった。さっきの場所だ。昨年4月23日の日付。大槻さんによれば、ここにあった家の父親がこいのぼりを飾るとすぐに、行方不明だった息子の遺体が見つかったという。

がれきだけが復旧復興を阻んでいるのではない。またいつか津波に襲われるかもしれない地域に、再び家を建てられるだろうか。原発周辺地域にはいつ戻れるだろうか。言いようのない怒りや悲しみを、どう処理していいか途方に暮れた。

「あんぽ柿」の受難（2012年5月12日）

「あれは何の木か分かりますか」。福島県北部の伊達市近郊で、案内してくれた地元の知人が質問してきた。

畑に幹の白い木が何本も植えられている。小高い里山にも山腹を埋めるほど並んでいる。木肌が白い樹木といえば、サルスベリ、クロガネモチ、シラカバ…。いずれも樹形が違う。何だろう。

答えは柿だという。品種は蜂屋柿。美濃加茂市蜂屋町の原産で、思い掛けない縁に驚いた。硫黄燻蒸《くんじょう》して乾燥させ、特産の「あんぽ柿」になる。

柿の木は放射性物質を吸収しやすく、他の果実よりも高濃度で蓄積される。あんぽ柿では乾燥させることでさらに濃縮されるとの検査結果が出たことから、昨年秋に出荷自粛措置が取られた。

除染のため1本1本、高圧洗浄機で樹皮をはいだ結果、枝の先まで白くむき出しになっている。

栽培農家の人たちは、どんな思いで作業を行ったのだろう。今年の秋にこれまで通りの実が成るかは分からず、出荷の目途も立たないという。

福島県の面積は北海道、岩手県に続いて全国で三番目に広い。浜通り、中通り、会津と独特の地域分けで呼ばれる。

会津若松市では、白虎隊自刃《じじん》の地である飯盛山を訪ねた。墓地を出て自刃したとされる場所に向かう途中に、「凌霜隊之碑《りょうそう》」が立っていた。

戊辰《ぼしん》戦争で会津藩を応援した郡上藩凌霜隊の45人は、各地を転戦したが若松城で降伏。生存者は郡上に戻されたが、幽閉生活を強いられた。1984（昭和59）年、その史実が後世に記憶されるようにと、郡上の人々によって建立されたのがこの碑。ここでも岐阜と福島の縁を再認識した。

その夜、会津若松市内の有名居酒屋で、蹴飛ばしと呼ばれる馬刺しやニシンの山椒《さんしょう》漬を肴《さかな》に味わう地酒は、澄んで瑞々《みずみず》しかった。豊かであるべき福島の大地に課せられた苦難を思った。

空を見上げてみよう（2012年5月19日）

金環日食があさって21日に迫った。空模様はどうだろうか。岐阜で見られるのは、何と

932年ぶりのこと。次は29年後の2041年。世紀の天体ショーを何としてもこの目で見たいものだ。

気持ちが擦り切れてくると、空を見上げて宇宙に思いを馳《は》せたくなることがある。現実逃避と言われれば、確かにそうかもしれない。

中高生のころにはSF小説をよく読んだ。アシモフやクラーク、ハインラインのような正統派より、ブラウン、シェクリィ、ブラッドベリなど。21世紀になれば、月や近くの惑星への宇宙旅行は可能になると信じていた。

あの頃の未来がこんなだったとは。通信系テクノロジーばかりが発達し、人々は地上で繋《つな》がっていることにしか関心がないようだ。こんな社会は天文ファン、SFファンにとってあまり楽しくない。

昨年暮れ、飛騨市神岡町にある東大の宇宙素粒子研究施設を訪ね、鈴木洋一郎施設長に話を聞く機会があった。

神岡鉱山の地下1千メートルにあるスーパーカミオカンデを使ったニュートリノ実験をはじめ、宇宙に満ちているというダークマターの観測などを行っている。宇宙の謎に迫る研究だという。

最近の学生は山奥にこもる生活を嫌がり、志望者は少ないとのこと。まったくもって羨《うらや》ましい職業なのだが。

この宇宙は約137億年前のビッグバン以来、膨張を続けているらしい。確認されている最も遠い天体は、127億2千万光年の彼方にある。

光が1年間に進む距離が1光年。およそ9兆4千6百億キロメートル。その光をもってしても、最も遠い天体までは127億年以上かかる。気の遠くなるような話だ。

そんなことをつらつら考えていたら、会議の時間。仕方がない。現実に戻ろう。

それぞれのダービー（2012年5月26日）

あす日本ダービー。競馬ファンにとっては1年で最も晴れやかで、輝きに満ちた祝典の日。3年前、この世に生を受けたサラブレッド7千572頭の頂点に立つのはどの馬か。すべてのホースマンにとって最高の栄誉だ。

英国元首相チャーチルの「ダービー馬のオーナーになることは、一国の宰相になるより難しい」との言葉は有名だが、実は後世の創作らしい。もっとも、首相がめまぐるしく代わる今の日本では、当たり前過ぎて警句にもならないだろう。

最近、生で見たダービーは2006（平成18）年。当時JRA理事長だった高橋政行さんに招待され、東京競馬場で観戦した。

高橋さんは本巣市（旧本巣町）の出身。農林水産省事務次官を経て、JRA理事長を歴代最長の3期8年にわたって務めた。物腰は穏やかだが「JRAはファンのもの」と、政治家の頼みごとを一切受け付けなかったという。一時は県知事候補にも名前が挙がった。

理事長退任時にお会いした際、「里帰りしたら、自然に恵まれた中をジョギングするのが楽しみ」と語っていた。その後わずか3年での急逝は残念だった。

関東・美浦所属の国枝栄調教師は本巣郡北方町の出身。残念ながら今年のダービーには出走馬がいない。アパパネの牝馬三冠を含むGI10勝など輝かしい戦績の名伯楽だが、いまだダービーには縁がない。

笠松競馬育ちの安藤勝己騎手は2004（平成16）年、地方競馬出身初のダービージョッキーとなった。騎乗していたのは、後にアパパネの父となるキングカメハメハ。今年はヒストリカルで2度目の栄冠を目指す。52歳1カ月。勝てば増沢末夫騎手（引退）の48歳7カ月を抜いて史上最年長記録となる。

サラブレッドにとっては、一生に一度の晴れ舞台。ちまちました政局など忘れて見届けよう。全馬完走を祈る。

忘れ難きふるさと（2012年6月2日）

生まれた土地で育ち、伴侶を得て一家を構え、子どもを育て上げ、やがて年老いてゆく。人の生き死にはもともとそうだったはずだ。

ダム建設のため村ごと立ち退きを迫られ、従わざるを得なくなる。一家族また一家族と、櫛《くし》の歯が欠けるように姿が消えてゆく。特に子どもたちにとっては残酷な毎日だっただろう。

1983（昭和58）年公開の映画「ふるさと」は、そんな旧徳山村最後の日々を描いている。神山征二郎監督は岐阜市西郷の出身。骨太の作風で知られ、代表作に「さくら」「郡上一揆」「ラストゲーム　最後の早慶戦」など。

「ふるさと」は、同年の県内観客動員数で「E.T.」を抜く大ヒットを記録した。ビデオにはなったがDVD化されていない幻の映画。本社主催の樽見鉄道応援イベントで、満員の観客と一緒に見ることができた。

かつてアマゴ釣り名人だった伝蔵役に名優・加藤嘉。認知症が進行し、長男夫婦に苦労を掛ける。隣家の小学生の千太郎に釣りを教えるうちに自分を取り戻し、「年寄りには年寄りの役目がある。子々孫々に残すものがある」と語るまでになる。千太郎を好演したのはお母さんが徳山出身の浅井晋君。アマゴ釣りの技は、一世代を飛び越して辛うじて伝えられた。

最近まで徳山には行きたくなかった。近未来のようなトンネル。行き交う車は皆無。満々と水をたたえるダム湖。やはり見るのがつらい。

けれど湖畔の徳山会館に飾られた写真の中で、お年寄りたちはなぜあんなにいい笑顔をしているのだろう。「山では木や花が生きとるから、1人でおっても寂しゅうない」。伝蔵の言葉が失われた徳山の自然と重なり、胸が痛くなった。

近頃は清流の国づくりだという。清流をせき止めたダムの水底に沈んでいる徳山のことを、忘れるわけにはいかない。

オウムとは何だったか

（2012年6月9日）


17年という歳月は、人から若さを奪うには十分な長さのようだ。逮捕されたオウム真理教の菊地直子容疑者は、手配時とはまるで別人だった。

オウムが急速に勢力を拡大した1990（平成2）年前後は、ちょうどバブルの絶頂期。拝金主義の浮かれた社会に違和感を抱く若者たちを引き付けたのか。

先日NHKで放送された「未解決事件」シリーズで、再現ドラマに描かれた初期オウムの参加者は、ヨガを修行する生真面目な若者たちだった。

それではなぜオウムは変質したのか。救済のためなら人を殺してもいいとし、ついには大量殺人を企てるに至ったのか。

むろん麻原彰晃というカリスマの存在は大きい。各分野から優秀な若者が集まってきた。彼らは組織の中で重要なポジションを与えられ、教祖に認められようと競い合って任務をこなした。

やがてオウムは宗教国家樹立の意図をあらわにする。日本という国家の中では、当然軋轢《あつれき》が激しくなる。ハルマゲドンを自作自演するためサリンを生成し、松本市や首都中枢の地下鉄で世界初の化学テロを実行した。

NHKによれば、1990年に熊本県警が波野村のオウム施設を強制捜査した際、警察官の妻の信者から事前に捜査情報が漏れ、兵器製造が隠ぺいされた。その後のオウムの暴走は、この時点で食い止めることができたかもしれない。驚くべき新事実で、警察の大失態だ。

さらに長野、神奈川両県警や警察庁はオウムがサリンを生成している事実に肉薄したが、地下鉄事件の前に手を打つことはできなかった。私たちも数々の凶悪事件への関与を疑いながら、半信半疑で紙面を作っていた。

自分たちの理想実現のためなら、世界が滅んでもいい。こんな組織は、オウム以前にはアニメやスーパー戦隊シリーズの中にしか存在しなかった。残念ながら、警察の想像力を超えていた。

あこがれの1920年代

（2012年6月16日）


好きな時代の好きな場所に行けるとしたら、どこを選ぶか。1920年代、黄金時代のパリやジャズ・エイジの米国は上位に来るだろう。この時代を舞台にした映画が相次いで公開され、話題を呼んでいる。

ウッディ・アレンの「ミッドナイト・イン・パリ」では、パリを訪れた小説家志望の米国青年が、1920年代に夜毎タイムスリップする。フィッツジェラルド夫妻、ヘミングウェー、ピカソ、ダリらの作家や芸術家と出会い、まさしく夢のような体験を重ねる。この監督らしいシニカルな笑いも健在。

「アーティスト」で描かれるのは1927年のハリウッド。サイレントからトーキーへの転換期。サイレントに固執する大スターのジョージが落ちぶれていく一方で、彼を慕う新進女優のペピーはスターの座に昇り詰める。

白黒サイレントでつづられるラブストーリーは、表情や仕草が驚くほど新鮮。ヒッチコック、ワイルダー、ターザン映画など名作へのオマージュ（賛辞）がちりばめられているのもうれしい。

では1920年代は、そんなに素晴らしい時代だったのか。

日本では大正9年から昭和4年。第1次世界大戦の戦後恐慌や関東大震災、金融恐慌と続く。選挙権を求める普選運動など大正デモクラシーが高揚。社会主義思想も広がり、岐阜県でも東濃の窯業を中心に労働争議が頻発、小作争議は全国的にも多発県となった。あこがれや郷愁で語られる時代ではないだろう。

米国は大量消費と経済成長で好景気に浮かれる。そして1929（昭和4）年、暗黒の木曜日と呼ばれるウォール街の株価大暴落で、世界恐慌の引き金を引くことになる。欧州ではヒトラーにより創立された独ナチス党が、恐慌を境に急速に勢力を拡大する。

1920年代は、両世界大戦に挟まれたつかの間の祝祭だった。

民主党の変わりよう（2012年6月23日）

国会は9月まで会期延長され、社会保障と税の一体改革法案は26日に衆院採決が予定される。もう一つの重要課題である原発についても、すでに大飯の再稼働を決定。ここまでは野田首相の思惑通りに進んできた。

いまさらながら首相の消費税増税や原発再稼動への猪突猛進ぶりは、財務省や経産省の省益と合致してのことだろう。

あまりの変わりように自信が持てないが、3年前の衆院選で政治主導、脱官僚政治を掲げていたのは民主党だったはず。

それより以前の2003（平成15）年衆院選で、いち早くマニフェストを導入したのも民主党だった。いうまでもなく、政権獲得後に進めるべき公約。国民が政権を選ぶ最大の根拠となったのだから、政党がマニフェストに縛られるのは当然のことだ。

「行政改革で公金支出の無駄を省く。増税はしない」などを掲げて3年前に政権を得た民主党だが、いつマニフェストから自由になったのか。いっそ党名に「自由」と足してはどうだろう。

それでは、なぜ小沢氏ら党内反対勢力の主張は少数派なのか。

「まあ、そうは言っても、消費税を上げておかないと国の将来が立ちゆかなくなる」「原発がなければ、産業全体がしぼんでしまう」。こんな空気が、いつの間にか支配的になっている。

「まあ、そうは言っても」。この枕詞《まくらことば》が曲者《くせもの》だ。世間でいう「大人の対応」「落としどころ」なのか。「中庸の道」で片付けるには、あまりに重大な岐路だ。

消費税増税には、各種世論調査で6割前後が反対。低所得層ほど負担がのしかかる。デフレに苦しみながら薄利多売でようやく利益を出している小売業者も、どうしたら価格に転嫁できるか途方に暮れることだろう。

何より、国会や政府など「行財政の無駄削減」は、どこへいってしまったのだろうか。

大阪はちょっと苦手

（2012年6月30日）

およそ2年ぶりに大阪へ。以前より活気があるように感じた。エスカレーターで左側を空けるのにはすぐ順応した。だが地下街や商店街で、歩行者はなぜ片方に寄らずあんなに無秩序なのか。行き先表示は不親切で何度か迷った。やはりアウェーな感じは否めない。

目当ての美術館が11時開館とは、思いもよらなかった。「佐伯祐三とパリ」展を開催中の大阪市近代美術館建設準備室。橋下氏が力んでもなかなか改まらない役人天国のせいだろうか。だが「佐伯祐三展」の山王美術館は豪華ホテル22階にあり公営ではない。大阪は朝が遅いのかもしれない。

前者は関連ポスター展も充実し見ごたえがあったが、入場料は500円という安さ。後者は佐伯15点、関連作家15点に1室ずつの日本美人画展、焼き物の河井寛次郎展も付いて1千円。割高感はあるが、30歳で夭折《ようせつ》した佐伯の28歳頃の作品「新橋風景」など、初見の作品が多く収穫だった。

大阪に感心した点もある。再開発が進むJR大阪駅・梅田周辺に昨年オープンした大阪ステーションシティには時空《とき》の広場、風の広場、天空の農園など憩いのスペースがあり、ベンチや椅子でくつろげる。JR名古屋駅のタワーズ周辺とは大違い。大阪以上に名古屋が好きになれない理由を再認識した。

名古屋との対比でいえば、JR両社も。西日本の在来線は、例えば11時10分発とすると、10分になるとほぼ同時に発車するように感じられる。片や東海では3、4分の遅れは日常茶飯事。遅延理由も言おうとせず、「駆け込み乗車はおやめください」などと客に指示する。もっとも福知山線脱線事故のような大惨事が起きた以上、ダイヤに正確であろうとし過ぎることがいいとは思えない。

そして野球は、座席が狭く息苦しいナゴヤドームより開放感のある甲子園。これは好みの問題。

扉の向こうには？（2012年7月7日）

今日は七夕。中国や日本に伝わる七夕伝説は、星空を舞台にした身分違いの恋の物語。おさらいしてみよう。

天帝は娘の織姫と牛飼いの青年・牽牛（彦星）の結婚を認めたが、新婚生活にかまけて働かなくなった2人に激怒。天の川の両岸に引き離してしまう。さすがに不憫《ふびん》に思い年1回、7月7日にだけ会うことを許す。もし雨が降れば天の川は増水し、2人の逢瀬は1年間お預けになってしまう。

牽牛星はわし座のアルタイル。織姫星はこと座のベガ。どちらも1等星で銀河を挟んで輝いている。永遠の愛を思わせてロマンチック。

ところが同じようなシチュエーションでも、まったく異なる展開を見せる物語がある。

米国の短編小説『女か虎か?』。

ある国の身分の低い若者と王女が恋に落ちる。国王の怒りを買った若者は、公開の場で処刑されることになる。その方法は、二つの扉のどちらかを選ばせるというもの。一方には飢えた虎が入っている。開ければ、若者は虎に食い殺されてしまう。もう一つの扉には美女。こちらを選べば若者は許されて、その美女と結婚することになる。

王女は二つの扉のどちらに虎と美女が入っているかを探り出し、考え抜く。恋人の命を救うためなら他の女性と結ばれるのをよしとするか、死によって永遠に自分のものにするか。

王女が恋人に指さして教えたのは、どちらの扉か。扉から出てきたのは、果たして女か、それとも虎だったのか。物語はここで終わり、答えはない。読者に結末を委ねる趣向で、リドル・ストーリーと呼ばれる。

目下の日本の重要課題に置き換えて、脱原発依存か原発再稼働か、などと展開すればコラムらしいかもしれないが、それは無粋。あくまで女心の深淵について、考えを巡らせたい。

真夏に咲く花（2012年7月14日）

梅雨明けを待たずに、庭の槿《ムクゲ》が咲き始めた。たくさんのつぼみを付けては次々に咲くが、朝開いて夕方には落花してしまう。

槿花《きんか》一朝《いっちょう》の夢。または槿花一日《いちじつ》の栄。はかない栄華のたとえに言う。時節柄だろうか、つい政党の栄枯盛衰を連想してしまう。

家の境界を越えて隣の庭にポタポタ落ちそうなので、慌てて伸びた枝を切り詰めた。

中国やインドの原産で、韓国の国花でもある。槿に限らず夏に咲く花木は、日本固有種ではなく、大陸などから渡来したものが多い。

百日紅《サルスベリ》と芙蓉《フヨウ》は中国南部の原産。夾竹桃《キョウチクトウ》はインド。草花でも、朝顔はアジアまたは中南米。向日葵《ヒマワリ》は北米。鶏頭《ケイトウ》は熱帯アジア、といったあんばい。

私たちが日本的だと感じている風景は、実は異国の花々によって彩られている。さまざまな時代に人の手によって移入され、長い歳月をかけて根付いたものだ。

そしていまある以上に、日本の風土に合わずに絶えてしまった草木も多いだろう。

早ければ夏から秋にかけて、解散総選挙があると予想される。暑さの中での候補者名連呼や政策の訴えを想像すると、少なからずうんざりする。

マニフェストを基に一票を投じても、また反古《ほご》にされないだろうか。有権者の政治不信は根深い。けれど嫌なことは忘れやすく、希望を見つけようとするのもまた有権者。第三極の新しい政党への期待は小さくないようだ。

庭の槿の隣では、木蓮《モクレン》が季節外れの徒花《あだばな》を咲かせている。「徒花に実はならぬ」。ことわざとしてはあまり面白くない。当たり前過ぎて、教訓臭が強過ぎる。

総選挙ではどの政党がどんな花を咲かせるのか、そして徒花に終わらないか。まだ予想もつかない。

歌をめぐる記憶 （2012年7月21日）

こんな偶然があるのかと驚いた。このコラムを出稿し社を離れて数時間後、担当デスクから電話が入った。内容が20日付夕刊コラム「夕閑帳」と酷似しているという。不覚にも読んでいなかったが、慌てて手に取ると、確かにその通り。筆者は中部学院大の三木秀生先生。似ているのを承知で、少し縮めて掲載する。

◇

「明日という字は、明るい日と書くのね」。昭和のヒット曲の歌詞にあった。「若いという字は苦しい字に似てるわ」、とも。（アン真理子「悲しみは駈《か》け足でやってくる」）。梅雨が明けたのに気持ちが晴れないのは、国の針路が定まらないせいか。そしてなぜ古い歌が心に浮かんでくるのか。

発売は1969（昭和44）年7月。かすかな記憶が同じ季節の訪れでよみがえったのか。さらに別の歌が浮かんできた。

「つめたい女だと人は云《い》うけれど、いいじゃないの幸せならば」

佐良直美の「いいじゃないの幸せならば」。けだるく退廃的に歌い上げる。やはり同年同月の発売。それではこの1969年はどんな時代だったか。

1月、全共闘の学生らが立てこもる東大安田講堂が、機動隊との攻防戦の末に陥落。この年、県内でも岐大生らによる反戦集会やデモが何度か行われ、逮捕者も出た。

7月20日にはアポロ11号の乗組員が、人類で初めて月面に降り立った。

その数日前、ニューシネマの代表作「イージー・ライダー」が米で公開。8月にはウッドストック・フェスティバルが開かれた。社会や古い世代への反抗が高揚した。

日本では高度経済成長を遂げた1960年代の最後の年。すでに流行歌によって、挫折感と個人主義が予感されていた。AKBや嵐くらいしかヒット曲の出ない今、時代の先行きは見えなくて当然か。

1969年と今は、不思議にシンクロしている。

◇

学校へ行かない自由

（2012年7月28日）

ファミコン向けゲームソフトのドラゴンクエストが世に出たのは1986（昭和61）年。その後シリーズ化され、来週には10作目が発売される。

すぎやまこういちさん作曲による序曲は、すべての作品に一貫している。ゲーム機にカセットを入れ、電源をオンにすれば、オープニングタイトルとともに心弾むメロディーが流れてくる。

学校で嫌なことがあっても忘れて没頭できる。主人公は自分で、旅の仲間たちがいる。あの曲によって、そしてドラクエの世界に入り込むことによって、救われた少年たちは多いのではないか。

ドラクエ発売と同じ1986年に起きた東京・中野富士見中事件は、いじめによる自殺事件として日本で初めて注目された。担任までが「葬式ごっこ」に加わり、いじめに加担していたことも社会に衝撃を与えた。

大津市のいじめ自殺事件で教育委員会や学校側は、生徒アンケートにあった「自殺の練習をさせられた」「葬式ごっこ」の記述を見落としたという。あり得るだろうか。過去の重大事例を知らなかったはずはない。

日本国憲法や教育基本法によれば、義務教育とは、子どもの保護者に課せられた「教育を受けさせる義務」のこと。子どもには「教育を受ける権利」があり、義務を負っているわけではない。

見て見ぬふりをする事なかれ主義の教師。級友たちも同じ。そんな学校なら、嫌な目に遭うために行かなくてもいい。家でドラクエで遊んでいるほうがいい。学校へ行かない自由、学校を選ぶ自由をもっと強調したい。

欧米では「ホームスクーリング」が認知されている。子どもが学校ではなく家庭を拠点にして、地域の施設などを利用しながら学ぶ仕組み。教育の公共性の確保や、子どもの社会性発達の面で問題とする指摘もあるが、日本でも選択肢の一つとして議論してはどうか。

失われた本紙

（2012年8月4日）

長良川河畔の全国花火大会は先週末、大盛況のうちに幕を閉じた。夜の部開幕を告げるワイドスターマインや、ぎふ清流国体・清流大会を祝う特大スターマインでは、会場がどよめいて拍手が湧き起こった。主催者冥利《みょうり》に尽きる思いがした。

スターマインとは、速射連発式花火のこと。スター（星）に地雷や打ち上げ花火を意味するマインを付けた和製英語らしい。導火線を用いて、いくつもの花火を短時間に打ち上げる。

近年は花火大会の主流となっているため新しい花火と思われがちだが、意外に古くからある。全国屈指の歴史と人気を誇る新潟・長岡市の花火大会に登場したのは、1927（昭和2）年。長良川河畔へのお目見えはこれまで1951（同26）年とされてきた。

先日、本紙のバックナンバーで花火大会の歴史を調べていると、戦前の1937（同12）年8月3日付紙面に「待望の百花スターマイン」が打ち上げられたと書かれていた。「幾万の目をうばった　豪華五彩の火弾」との見出しで、本社主催第4回鵜飼まつりの中で催された煙火大会の様子を報じる記事だった。つまり長良川河畔でのスターマイン打ち上げは、従来の記録より少なくとも14年さかのぼることになる。

ただ残念なことに、第1回から第3回までの同大会で、スターマインが登場したかどうかは確認できない。本紙が保存されていないためだ。

昨年創刊130年を迎えた本紙だが、創刊号をはじめ草創期や、明治末期から戦前にかけての号の多くが失われている。

おそらく戦災のためだ。1945(同20)年、岐阜市今小町の本社から美江寺町の岐阜市公会堂地下に疎開したが、空襲の消火で水浸しになった。本社家屋も焼失している。

昔の新聞が家にある、蔵から見付かったなどという読者がおられれば、ぜひご一報ください。

東京物語の永遠性

(2012年8月11日)

日本勢の活躍に沸いたロンドン五輪も終わり、祭りの後の寂しさが尾を引いている。五輪報道では今回も選手と家族との絆が強調された。日本人特有のメンタリティだろうか。五輪に乗じてナショナリズム高揚を狙ったかのような、韓国大統領や中国・香港の活動家らの動きとは対照的だ。

五輪の熱戦報道に隠れて、あまり注目されなかったニュースがある。

たとえば英国映画協会発行の雑誌で、世界の映画監督358人の投票による最も優れた映画に、小津安二郎監督の「東京物語」（1953年）が選ばれた。批評家らによる投票でも3位だった。「天井桟敷の人々」「市民ケーン」「2001年宇宙の旅」など、これまでの常連を退けての快挙といえる。

尾道から子どもたちのいる東京へ出てきた老夫婦。演じるのは笠智衆と東山千栄子。長男や長女一家は歓待してくれるが、日々の暮らしに忙しく、どこか心がこもっていない。原節子演じる戦死した次男の嫁だけが、親身になって世話をしてくれる。

親と子、夫婦の絆。家族の崩壊。そして老いと死。近代以降の人々が抱えるテーマが、抑制の効いたタッチで描かれている。終戦からわずか8年目の公開であることに、あらためて驚かされた。

類型的であることと普遍的であることとは、紙一重。監督が凡庸なら前者になり、非凡なら後者になる。小津監督のこの映画は、見事に永遠性を獲得している。

映画や小説は、どの年頃で見るかによって感じ方が違う。「東京物語」も、若い頃とは少し違ってきた。東京で余裕のない生活をする息子や娘にも、どこかで共感できるようになった。

東山千栄子の妻を亡くし、ラストシーンで「1人になると、急に日がなごうなりますわい」と述懐する笠智衆の言葉が、心に沁《し》みる。

学生落語のメッカ（2012年8月18日）

落語漬けの2日間だった。先週末、岐阜市で開かれた「てんしき杯落研トーナメント」の審査員を昨年に続いて務めた。ぎふ落語フェスティバルのメーン行事で、学生落語の実力日本一を決めようというイベント。北海道から九州まで全国各大学の78人が集まった。

岐阜市は落語の祖とされる安楽庵策伝の出身地。毎年2月に「笑いと感動のまちづくり」の一環として全日本学生落語選手権・策伝大賞が開かれ、来年第10回となる。

てんしき杯の「てんしき」は、漢字で転失気と書く。古典落語の演目の一つで、おならのことだが、知ったかぶりの和尚は自分が知らないことを認めず、それに気付いた小僧は杯のことだとうそをつく噺《はなし》。それを優勝杯にするとは洒落《しゃれ》ている。

策伝大賞では予選通過者が観客の前で1席披露し、審査員が各賞を決める。てんしき杯は予選から翌日の1対1の対戦方式による決勝トーナメントまで、優勝するには4、5

席演じなければならない。東西の落語家4人と地元の落語愛好家らが交代で審査に当たる。真の学生日本一を決める工夫が凝らされている。

今年が3回目のてんしき杯だが、出場者を倍々に増やしてきた。策伝大賞を食ってしまいかねない勢いだ。他県在住の審査員によれば「岐阜は今や学生落語のメッカ」だという。今回は決勝進出を逃した岐阜大落研の部員たちも、運営に協力して頑張っていた。

驚いたのは、決勝進出の12人中9人が国立大生だったこと。落研といえば明大、日大、関西大など私立大の印象が強いが様変わりしたのだろうか。優勝者は北海道大、準優勝は大阪大だった。

表彰式に続いて審査に加わった落語家による会が春風亭一之輔さんの襲名披露公演として開かれ、プロの話芸を満喫した。2日間で計30席以上を聴いたことになる。

ごちそうさまでした。

今西さんお疲れさま（2012年9月1日）

FC岐阜の今西和男社長が、深刻な経営難の責任を取り辞任した。筆頭株主である岐阜県や岐阜市のトップから辞任を迫られての、苦渋の決断だった。会見でも「不完全燃焼。予算がない状況で、理想とするチームづくりができなかった」と無念さをにじませた。

今西さんとは何度か話す機会があったが、数年前、柳ケ瀬の飲食店でたまたま隣り合わせになったときのことが印象深い。若いスタッフらと酒を酌み交わしていた今西さんは、自分に付いてこいというオーラを放っていた。

自ら海で採ってきたというカメノテ（亀の手）の塩ゆでをおすそ分けしてもらい、殻から取り出しての食べ方も教えられた。フジツボの従兄弟のようなカメノテは、磯の岩場の割れ目などに張り付き波に揺られている甲殻類。見た目はグロテスクだが、潮の香がしてザラっとした舌触り。滋養分がありそうに思えた。

サプライヤーらの集いで会ったときは、詰問された。担当記者をシーズン途中になぜ異動させたのか、よくやってくれていたのに、と。定期異動でFC岐阜だけの担当ではないと説明したが、なかなか聞き入れてもらえなかった。それほど熱い思いの人だった。地縁のない岐阜で孤軍奮闘。チームの礎を築き、支えてきた5年間だった。

来季のライセンス審査を目前にして、ようやく支援の手が差しのべられた。今西さんに対しては、労をねぎらった上で花道をつくるやり方はなかったか。このますべての責任を負って去っていくのでは、いかにも礼を失している。

FC岐阜に欠けているのは胸のロゴだけではない。マスコットキャラクターを持たないチームはJリーグでは少数派。FC岐阜というチーム名も再考の余地がありそうだ。存在意義の確立と魅力あるチームづくりが、新体制の急務だろう。

地上から消えた動物

（2012年9月8日）


領土問題で物議をかもしている尖閣諸島の魚釣島で、野生化したヤギが確認された。1978（昭和53）年に上陸した右翼団体が、非常時の食料用に持ち込んだ雄雌2頭の子孫とされる。雨風をしのぎにくい島でよくぞ繁殖したものだ。現在数百頭といわれ、植物相を脅かす存在。島を実効支配しているといえる。

先日、留守がちな岐阜市内の親戚宅を訪れ、庭に回ってみた。側溝に黄褐色の小動物。イタチだ！。こんな住宅街にいるとは。あっという間に隣家との境に姿を消した。

動物たちは私たちの想像以上にたくましく、したたかに生きている。

その一方で、ニホンカワウソが絶滅種に認定された。1979（昭和54）年に高知県内で目撃されたのが最後となった。毛皮や肝を取るための乱獲が主な原因とされる。県内にも広く分布し、『岐阜県の動物』(岐阜県高等学校生物教育研究会編)によれば、1921(大正10)年頃まで高原川沿いでよく捕獲されていた。

SF作家ロバート・シルヴァーバーグは、ノンフィクション『地上から消えた動物』(早川書房刊)で、近年姿を消した動物たちがなぜ絶滅に至ったかを描いている。そのほとんどが乱獲や開発など人間の手による。

北米大陸に数十億羽が生息し、空が真っ暗になるほどの大群を成していたリョコウバトは、ハンターたちの格好の獲物となり激減。動物園で飼育されていた最後の1羽が1914年に死んだ。

ジュゴンの仲間で体長8メートルのステラーカイギュウは食用に乱獲され、1768年に絶滅。つがいの絆が強く、片方が殺されるともう一方は気遣うようにその場に留まり続け、一緒に殺された。

絶滅リストに入ったものの、再発見された動物もいる。クニマスの例は記憶に新しい。ニホンカワウソについても、それらしき動物の目撃や痕跡発見の情報がある。奇跡的な生還を祈りたい。

ニッポン国の針路は（2012年9月15日）

往年の日本映画を上映する岐阜市柳ケ瀬のロイヤル劇場で、小津安二郎監督の「お早よう」（1959年）を見た。佐田啓二、笠智衆、久我美子ら豪華出演陣の中に、懐かしい顔を見つけた。

殿山泰司。三文役者を自称し、数々の映画に出演した昭和の名脇役。ジャズやミステリーに詳しい自由人で数々のエッセー集を残している。独特の語り口で、日本ではなくニッポンと書くのが印象的。ニッポン国、ニッポン政府などと吐き捨てるように表現している。

民主、自民両党の〝総選挙の顔〟選びがスタートした。民主は4氏の争いだが野田氏の再選はほぼ確実。自民は5氏で混戦模様となっている。

政界に権謀術数や裏切りは付き物だろうが、自民では現職の総裁を直属の部下である幹事長が出馬断念に追い込んだ形。与党の座を失い下野した3年間総裁を務めた谷垣氏には、同情を禁じ得ない。誰が総裁になっても、総選挙で集票力があるのは小泉進次郎氏か。

政権党の民主については、どの世論調査や獲得議席予想でも惨敗必至。前回総選挙時のマニフェストはどこへやら。期待の大きかった分だけ国民の失望感は深い。

躍進が予想されるのは橋下大阪市長率いる日本維新の会など第三極。橋下氏らの政治理念や信念は定かではないが、国家主義的な体質が見え隠れするのが気に掛かる。

殿山泰司のエッセーが書かれたのは、高度成長期から昭和末期にかけての自民党長期政権のころ。派閥領袖たちが覇を競い、ロッキード事件で田中角栄前首相らが逮捕されるなど、汚職や金権政治が横行した時代でもあった。

今よりいい時代だったとは決して思えないが、政治家は個性的で大物感を漂わせる人が多かった。なぜこんなに小粒になったのだろう。

ニッポン国の針路やいかに。

高根・柳ケ瀬の縁再び

（2012年9月22日）

高山市高根町と岐阜市柳ケ瀬には、意外な縁がある。高根町を舞台にした映画「あゝ野麦峠」（1979年公開）は、柳ケ瀬の映画館で全国トップの記録的な大入りとなった。その後ビデオ化されず幻の映画となっていたが、昨年柳ケ瀬で特別上映会が開かれた。関連イベントには高根町の人たちも大勢参加。糸引き工女に扮《ふん》しての行進や物産展などを行った。

きっかけとなったのは本紙の企画「トンネルの向こう　限界からの地域再生」。山間過疎地の高根町と空洞化の進む柳ケ瀬を取材し、一昨年末から半年間連載した。

そして先週末、高根町でソバによる地域振興に取り組むNPO法人「ワイ・アイ・ケー」の人たちが、再び柳ケ瀬を訪れた。町産品の販路拡大に本腰を入れるという。

乗鞍岳山麓の同町日和田地区は標高1200メートル以上の高冷地にあり、古くから農作物栽培に苦労してきた。ソバ栽培に力を注ぐようになり、先人たちの焼き畑農法と地名を掛けて「火畑そば」と命名。風味がよく、特産化を目指している。

もう一つの自慢は「タカネコーン」。メロンより糖度が高く、生でも食べられる。確かに粒が大きくて驚くほど甘い。NPOメンバーの「北海道産よりおいしい」との言葉にもうなずける。

メンバーらは柳ケ瀬の飲食店を精力的に回り、扱ってくれるようセールス。数店で好感触を得たという。先月オープンした県内産無農薬有機野菜料理の店「ミツバチ食堂」前での即売も好評で、収穫は大きかったようだ。

2千人を超えていた町の人口は、407人まで減少。町内の小中学校はすべて廃校になり、15人の児童生徒は隣の朝日町までバス通学している。「今何とかしなければ」「あきらめない」と頑張る人たちを、今後も紙面で応援したい。ソバやコーンを柳ケ瀬で味わえる日を心待ちにしながら。

47年の歳月を経て

（2012年9月29日）

「明日の力を育てる国体」。1965（昭和40）年に開催された岐阜国体のテーマだ。「国体の遺産に残せ健康美」との県民運動標語も。当時の本紙をめくると、初めての国体を県民総ぐるみで成功させようとの熱気が伝わってくる。写真に映るどの顔もはつらつとして見える。

名文家で鳴らした先輩記者も健筆を振るった。「岐阜国体はあすにつながり、あすは未来につながる。祝福に満ちた、この日の光りと色彩は、この日のうちに消え去るかも知れないが、このうちに秘めた美しさのまま、なんとしても、あすへつながなければならない」。

ときは高度経済成長の時代。東京五輪の翌年でもある。

「岐阜は木の国　山の国。伸びる希望をうたおうよ」。「岐阜県民の歌」は、国体の意識高揚によく歌われた。「岐阜　岐阜　我らが国体」と結ぶ「岐阜国体賛歌」とともに、当時小学生だった筆者の記憶にも刷り込まれている。

道路や施設建設などのインフラ整備。選手や観客受け入れでの観光産業の振興。〝ジプシー〟と呼ばれた助っ人選手の定住による競技力向上。終戦の翌年から始まった国体は、開催県にそんな効果をもたらしてきた。岐阜も例外ではなかった。

岐阜国体からぎふ清流国体まで。私たちはどんな歳月を経てきたか。高度成長期が、映画「三丁目の夕日」に描かれているようないい時代だったとは手放しで言えない。大気や土壌の汚染、水質汚濁、騒音など公害が各地で問題となった。乱開発によって、県内の山河や田畑も荒れた。

「木の国　山の国」から「清流」へ。キーワードの変化は面白い。多様な地域が清流でつながる。高らかにうたえる希望が、今の日本にあればいいのだが。

いよいよ、この日。次の半世紀へ、ぎふ清流国体はどんな遺産を私たちに残すだろうか。

柳ケ瀬の夜に泣く（2012年10月6日）

「早く国体が終わってほしい」。柳ケ瀬の飲み屋のマスターがぼやいた。国体の直前から客足が遠のいているという。西から東へと柳ケ瀬本通を歩いてみた。確かに、人が出ていない。客引きの姿さえまばらで閑散としている。

1年前、山口国体を視察したが、夜の街は人であふれていた。居酒屋など飲食店は大盛況。満員で何軒も断られた。全国から集まったユニホーム姿の役員や選手たちは、メーン会場に近い湯田温泉の夜を満喫していた。

辻々に立つ山口県警の警察官が「こんばんは」「おはようございます」などと笑顔で声を掛けてきた。地図を手にしていると、「どちらへ行かれますか」と丁寧に教えてくれた。国体を盛り上げようとの意気込みと、客をもてなす心遣いが感じ取れた。新鮮な驚きだった。

ぎふ清流国体ではどうか。選手たちの宿泊を優先し、7、8割の都道府県の役員たちが県外の名古屋や一宮などに宿泊しているという。道理で柳ケ瀬で見掛けないはずだ。ホテルや旅館の収容能力からやむを得なかったのだろうが。

国体前には違法風俗店への徹底した取り締まりが行われた。無用なトラブルを避けたり、暴力団の資金源を断つために必要なことには違いない。

天下に誇る繁華街・柳ケ瀬の、閑古鳥が鳴く現状。岐阜市に泊まって街に出た人たちは、どのような印象を抱いて帰ることになるだろう。

開会式前夜には、柳ケ瀬本通に1200人が集まり乾杯するイベントが催された。ある老舗バーでは、歓迎の気持ちを表そうとオリジナルの提灯《ちょうちん》やカクテルを作った。ただでさえ空洞化に泣く柳ケ瀬の人々の、この国体への期待感は大きかったはず。

各競技での県勢の活躍は目覚ましい。県民は盛り上げに頑張っている。ただ、地元への経済効果の点だけが気懸かりだ。

国体とノーベル賞と（2012年10月13日）

今週はぎふ清流国体とノーベル賞に彩られた週だった。長引く景気低迷、進まぬ震災復興・原発対応、中国や韓国との緊張関係、オスプレイ導入の強行、そしてそれらを招いている政治の無策ぶり。そんな憂鬱《ゆううつ》な日常を、たとえひとときでも忘れさせてくれた。

国体で岐阜県は目覚ましい成績を挙げた。目標としていた天皇杯・皇后杯を圧倒的な得点差で獲得。閉会式後の解団式を間近で見たが、県選手団や役員、関係者のどの顔も晴れやかだった。

覚めてしまうには、終わってしまうには惜しい夢のような時間。目を見張るこの勢い。きょう幕を開ける清流大会に、そして岐阜の未来にどう繋《つな》げていけるか。

国体閉幕前日には、山中伸弥京都大教授のノーベル医学生理学賞受賞の報。iPS細胞は、難病に苦しむ人々に希望の光を灯《とも》した。再生医療のみならず、日本再生への明るい話題となった。

こうした分野での研究費は、米国の10分の1程度だという。マラソンに出場してまで研究への寄付を訴えてきた山中さん。受賞会見では家族や仲間だけでなく国の支援への感謝を繰り返し、「まさに日本の国が受賞した賞」と語った。大人だな、と感心した。

議員歳費など一向にわが身を削らず、科学技術分野の研究費を削ってきた民主党政権。会見の直前、テレビカメラが回り始めた頃合いに祝いの電話を入れた野田総理には、あざとさしか感じなかった。

今は昔の事業仕分け。「世界一になる理由は何があるのでしょうか。2位じゃだめでしょうか」と歴史的妄言を吐いた蓮舫元大臣にも、ぜひ感想を聞いてみたいものだ。

村上春樹さんは残念だった。本命視されていたが、中国の莫言さんにさらわれた。毎年のように有力候補とされるが、巷《ちまた》の声価とアカデミーの評価は別のようだ。

コンビニの功罪（2012年10月20日）

先日、会社帰りに寄ったコンビニで。

「こちらにタッチお願いします」

レジで店員が指さしたのは、「私は20歳以上です」と書いてある成人認証の電子パネル。

「あの…これノンアルコールビールですよね」

「あ、はい」

「じゃあ必要ないのでは」

「えーっと、一応タッチお願いします」

「アルコール入ってないですよね。そんな必要ないと思いますよ」

店員は困ったような顔をしながら自分でタッチし、レジ打ちを進めた。

柳家さん喬さんの落語のマクラに、似たような話があった。

差し入れにしようと、ハンバーガーショップで30個注文したさん喬さん。すると店員
「店内でお召し上がりですか。お持ち帰りですか」

マニュアル通りにしかできない近頃の若者を嘆く内容だった。

コンビニやファストフード店は手軽で便利だ。特にコンビニは全国で4万6千店を超えて

いる。県内には約７５０店。もはや生活に欠かせない。

けれどかつて近所の八百屋や酒屋では、こんな対話はあり得なかった。もっと心の通うやりとりがあった。そうした店が姿を消して、画一的なコンビニや量販店がある。

一方でこんなエピソードも。小惑星探査機「はやぶさ」プロジェクトマネジャー川口淳一郎さんの講演を聴いた。小惑星イトカワから奇跡的に帰還したはやぶさのカプセルに、採取した微粒子が含まれているか話題を呼んでいたころ。コンビニに立ち寄った川口さんに、女店員が意を決したように話し掛けてきた。「砂、入っているといいですね」。コンビニも捨てたもんじゃない、か。

帰宅して妻に一連の話をすると、ひと言。

「あなたのどこが未成年に見えるの」

確かに。それに気付かなかったとは。

新聞への信頼回復を（２０１２年10月27日）

活字メディアをめぐるトラブルが続いた。まずは·iPS細胞臨床応用の誤報。森口尚史氏の主張を虚偽と見抜けず大スクープとして報じた読売新聞は、山中伸弥京大教授のノーベル賞受賞に泥を塗った。唯一後追いした共同通信は、その上塗りをしてしまった。

事実関係を二転三転させる森口氏を見るにつけ、なぜこんな人物の言うことをうのみにしたのかとあきれるばかり。ハーバード大や東大の肩書に釣られたのだろうか。何より、朗報と受け止めた患者や家族に対して申し訳が立たない。

さらに、日本維新の会代表の橋下徹大阪市長の出自について報じた週刊朝日。橋下氏の政治手法には危うさを感じてきたが、それは彼の生まれや育ちとは切り離して考えるべきこと。ノンフィクション作家佐野真一氏の執筆だが、チェック機能は働かなかったのか。

いずれも根底には報道する側のおごりがある気がしてならない。使い方を誤れば凶器となるペンの重さを、スクープに走るあまり軽んじていたのではないか。

皮肉にも二つの問題は、業界最大のイベントである新聞大会を挟んで起きた。読売、朝日の両社は２０１２（平成24）年度の新聞協会賞を受賞しており、大会は受賞社代表が表彰を受けてスピーチする晴れがましい場でもあった。

研究座談会のテーマは「消費税と新聞」。段階的税率引き上げが予定される消費税だが、新聞業界は新聞や出版物に対する軽減税率の適用を主張している。課税強化は活字文化の衰退を招き、健全な民主主義の発展を損なうなどがその理由だが、「新聞だけがなぜ」との疑問には真摯《しんし》に答えていかねばならない。
昨今のていたらくでは国民の理解を得られるか疑問だ。共同通信の配信記事を掲載した弊社も、疑いを持たなかったことを自戒し、読者の信頼を得られるよう努めたい。

それぞれの秋

（2012年11月3日）

あれほど暑かった夏もいつしか遠くなり、秋が深まってきた。にぎやかだった虫の声も、まばらに、か細くなった。
秋は人の心に憂いをもたらす。季節性うつ病の増えるころでもある。大野鵠士さんの本紙連載「うたごよみ」の向こうを張るわけではないが、この季節をうたった詩歌を思い出して、心の安らぎを保ちたい。

秋風の　ヴィオロンの　節ながき啜《すす》り泣き　もの憂きかなしみに　わがこころ　傷つくる
（ヴェルレーヌ「秋の歌」堀口大學訳）

少し季節はさかのぼるが、一時期親密な間柄だったランボーの詩と対比すると面白い。
もう秋か。それにしても、何故に永遠の太陽を惜しむのか、俺たちはきよらかな光の

発見に心ざす身ではないのか。季節の上に死滅する人々からは遠く離れて（「別れ」小林秀雄訳）

詩を捨てて砂漠の商人となるランボー。流血騒ぎの末に決別することになるヴェルレーヌの詩は、感傷的で女性的な感じさえ受ける。

秋深き隣は何をする人ぞ

言うまでもなく、松尾芭蕉。辞世の「旅に病《やん》で夢は枯野をかけ廻《めぐ》る」を除いた最後の句。ずっと「秋深し」と覚えていた。「秋深き」は何に掛かるのだろう。「隣」の前に省略された間が気になる。

秋風秋雨人を愁殺《しゅうさつ》す

武田泰淳の小説のタイトル。主人公は清朝末期の女性革命家秋瑾。語感がいいせいか、荒れ模様の日には決まって思い出す。

そんなことを考えてみても、気持ちは浮き立たない。いっそ今夜は一人酒でも飲むか。量販店で辛口の日本酒を選び、レジに並ぶと、すぐ前にも同年輩の少しくたびれた男性が1人。酒とつまみらしきものを手にしている。

いずこも同じ秋の夕暮れ。

「火畑そば」に舌鼓（2012年11月10日）

ゆるキャラやB級グルメは、地域振興、町おこしの有効な手段として使われてきた。しかし残念ながら、もはやブームは長くは続かないだろう。2013（平成25）年には衰退に向かうのではないか。

我も我ものブーム参入は飽和状態をもたらし、全体を陳腐化させる。特にB級グルメは、本来の意味とは形を変えてしまった。もともとあった安くてうまいものではなく、ご当地グルメ創作合戦の様相を呈している。

高度成長期以降の駅前開発ラッシュが、日本中どこも似たような駅前風景をつくり出してしまったのを想起する。個性、独自性とは何か、問い直す時期ではないだろうか。

そこで紹介したいのが、高山市高根町（旧大野郡高根村）。御岳、乗鞍岳を望む標高1300メートルの日和田高原で栽培した「火畑そば」を、特産品にと力を入れている。先ごろ訪れた際、土日のみ営業の手打ちそばの店で味わうことができた。

囲炉裏《いろり》端で地元の人たちと歓談しながら、待つことしばし。供されたのはシンプルな盛りそば。口いっぱいに風味が広がる。コシも強い。

続いて囲炉裏の鉤《かぎ》に大きな鉄なべが掛けられた。中には油揚げ、ネギ、キノコなどの入っただし汁がたっぷり。各自が竹で編んだ小さなざるにそばを入れ、汁で湯がき、椀《わん》に取って汁とともに熱々で食べる。地元では「とうじそば」と呼んでいる。

人気の乾麺は、供給が追い付かず品薄状態という。そば粉を使ったピザ、エクレア、ガレットなどの商品開発も進行中。縁のある岐阜市柳ケ瀬地区で売り出したいと計画を練る。

各地の道の駅や土産物店にありがちな商品になってしまわないか。部外者が無責任に言うことではないが、そんな危惧が頭をかすめた。

これほど見事なそばは、やはり盛りやかけで味わうのが一番では。

心に響かない弁舌（2012年11月17日）

ついに師走総選挙モードに突入した。14日の党首討論で野田首相が解散に言及したことで、一気に政局は動いた。

それより前の9日、共同通信に加盟する新聞社の編集局長会議で、首相のスピーチを聴いた。持ち込んだiPadを演台に置き、視線を下に向けたままの原稿棒読み。震災復興も脱原発も沖縄米軍基地も、地方の直面する課題は軽く流して、質問も受け付けずに立ち去った。

参加者の大半が地方紙の編集局長。当然ながら失笑や不平不満の声が漏れた。これがあの雄弁だった首相と同一人物か。政権末期をあらためて印象付けた。

小泉純一郎元首相の郵政選挙を意識し、今回の総選挙をTPP選挙と位置付ける首相にとって、支持基盤は主に都市部。農山村を多く抱える地方の新聞各紙を、敵視とは言わないまでも重要視はしていないのだろう。

話は14日に戻る。共同通信の別の会合に、党首討論を終えたばかりの安倍晋三自民総裁が駆け付けた。解散を引き出した達成感からか、顔は紅潮気味。右手を振り上げ、体を斜めに構えて熱弁を振るった。健康を強くアピールする狙いだろうか。いささか芝居がかって見えた。

演説の柱はデフレ脱却と日米同盟強化。「地方の声をくみ上げる」とは言うものの、具体性を欠いた。急な解散モードで地方向けバージョンを用意していなかったか。

第三極は大同団結を急ぐ。首をかしげたのは、「減税日本」の「太陽の党」への合流話。減税、消費税増税反対に共感して一票を投じることで、自称暴走老人の石原慎太郎氏のウルトラタカ派路線を支持してしまうことにも。小異を捨てて大同にというが、大義はどこにあったのか。

それでも、国民の権利である選挙権は行使しなければならない。考える時間は1カ月を切った。

せき立てられる秋（2012年11月24日）

穏やかによく晴れたゴルフ場。コースから見渡す山肌は、紅葉の盛り。日を浴びて黄金色に輝く林は、イタヤカエデだろうか。10歳近く若い同伴者が言った。「若いころは一球一打にばかりこだわって全く気付かなかったが、最近は周りの風景に目が行くようになった」。

早朝ウオーキングの途中で、妻が苦笑しながら話した。「お茶の先生はここにはこんな草木がある、と散歩の楽しみを話されるが、自分はどうしても新築や改築の家に目がいってしまう」と。

何年か前の秋、東京・新橋駅前で、そば屋から出てきた70代くらいの老夫婦。少し体が不自由な夫は、すり足で懸命に歩き出す。寄り添う妻は「おいしかったね。安かったね」と声を掛けていた。あれからどこまで帰ったのだろう。

さまざまなことを思い出す。一木一草が心に染みる晩秋。米作家ウィリアム・サローヤンの小説のタイトルを借りれば、人生の午後のある日。心安らかに暮らそうとしても、早くも師走の気ぜわしさを感じてしまう。せき立てられるように日々が過ぎる。

秋は小学生の社内見学が多い季節でもある。カリキュラムに組まれているのだろう。県内各地から学校ごとに5年生たちが訪れ、編集局の報道部や整理部、印刷工場などを見て回る。

以前から不思議に思っていたが、飛騨の子も美濃の子も一様に、独特の匂いがする。中高年男性のものを加齢臭というが、児童臭、低年齢臭とでも言えそうだ。秋冬には特に感じる。校庭で浴びた陽光や風の匂いが、服にとどまっているのだろうか。

老いと若さについて考えさせられるこのごろ。政党の盛衰と重ね合わせて語るようなことはしないが、年末総選挙はもうすぐ。小春日和の穏やかな日は、訪れそうにないか。

談志さん没後1年（2012年12月1日）

落語協会を脱退して自らを家元とする立川流を創設した一代の風雲児・立川談志さん

が亡くなって1年。東京・有楽町で開かれた立川流追善落語会に行ってきた。昼夜とも弟子たちが並んでの口上から始まり、毒蝮三太夫、野末陳平、高田文夫の各氏ら親交の深かったゲストも登場して思い出を語った。

個性的な面々がそろう立川流だが、絶対的カリスマ亡き後も分裂することなく結束を維持している。「家元の思い出を語り合う通夜の席が、1年間続いてきたようなもの」との談四楼さんの言葉が印象的だった。

談志さんは政治にも強い関心があり、一時は参院議員も務めた。沖縄開発庁政務次官に就任したが、二日酔いで会見に臨んだことを問題視され、在任36日目で辞任したエピソードは有名。

ウルトラタカ派の石原慎太郎現日本維新の会代表と長年交友があった談志さん。一方で左翼的スタンスが売りの芸人・松元ヒロさんを、「こいつは平和を食いものにしている」などと言いながらもかわいがる度量があった。

大政党が求心力を失い離合集散を繰り返す今の日本の政治状況に欠けているのは、この度量ではないか。自己正当化と他者の否定に多弁を費やす政治家ばかりの、寒々とした光景。毒舌でならし、数々の問題発言を残した談志さんが見たら、何と言っただろうか。

翌日、三越銀座店の篠田桃紅作品展へ。桃紅さんの父は岐阜市芥見の出身。1867（慶応3）年の生まれで、濃尾大震災も体験している。来年生誕100年を迎える桃紅さん自身も、関東大震災を覚えているという。

明治、大正、昭和を経て平成の現在までわずか二代で生き抜いてきたのは、ただ驚くばかり。とても真似できるものではない。凛《りん》としてスタイリッシュな作品に接して、思わず背筋を伸ばした。

71年前の同日同刻

（2012年12月8日）

「世界は一新せられた。時代はたった今大きく区切られた。昨日は遠い昔のようである」（高村光太郎）

太平洋戦争開戦の日の1941（昭和16）年12月8日に、当時の日本国民はどのような感慨を抱き、どこでどのような行動を取ったのか。山田風太郎の『同日同刻』は、膨大な文書や日記、エッセー、小説などを整理して時系列でまとめている。

「帝国陸海軍は、本八日未明、西太平洋に於いて米英軍と戦闘状態に入れり」という大本営発表を聞き、日本中が高揚感に包まれていたことが鮮やかに描き出される。

作家の日記が多く引用されているが、喜びや興奮をストレートに表現しているのに驚かされる。
「それを、じっと聞いているうちに、私の人間は変わってしまった。強い光線を受けて、からだが透明になるような感じ、あるいは、聖霊の息吹を受けて、つめたい花びらを胸の中に宿したような気持。日本も、けさから、ちがう日本になったのだ」（太宰治）
「積年の溜飲始めて下るを覚えた。皇国に幸運あれ、皇国に幸運あれ」（徳富蘇峰）
「涙が流れた。言葉のいらない時が来た。必要ならば、僕の命も捧げねばならぬ。一歩たりとも、敵を我が国土に入れてはならぬ」（坂口安吾）
「神々が東亜の空へ進軍してゆく姿がまざまざと頭の中に浮かんで来た。その足音が聞こえる思いであった。新しい神話の創造が始まった」（火野葦平）
「くるものなら来いという気持だ。自分の実力を示して見せるという気持だ」（武者小路実篤）
そうした中で谷崎潤一郎は、どんなものを食べたかで日記を埋めている。さすが、である。
あれから71年後の今日、日本は総選挙の最中。一時の熱狂にあおられることなく、冷静にこの国の来し方行く末を思い、一票を投じたい。

来春を待ちながら

（2012年12月15日）

18代目中村勘三郎さんの訃報が伝えられた今月5日、建築中の新しい歌舞伎座はまだ工事用フェンスやブルーシートで覆われ、全容をうかがうことはできなかった。程近い東劇の窓口には、死去を悼む松竹の文書が掲示されていた。

勘三郎さんの舞台を最後に見たのは、一昨年4月の歌舞伎座さよなら公演。同僚のおかげでプラチナチケットを入手し、最前列で舞台を見上げていた。備忘録代わりに付けていた当時のミクシィの日記を見返してみる。

幕開けは市川染五郎、市川海老蔵、尾上菊之助さんらによるだんまり（無言劇）が見せ場。「現歌舞伎座への名残を惜しみ、三年後の再開を祈願。三年《みとせ》の春か。客席を埋めた人々の中で、新装なった歌舞伎座を見られない人も確実にいるだろう。自分も会社も世の中も、どうなっていることやら。そんなことばかり頭に浮かんだ」。

中村吉右衛門さんの「熊谷陣屋」に続き、最後を飾ったのが勘三郎、現勘九郎の中村屋親子による「連獅子」。日記には「颯爽《さっそう》と舞い切る。勘三郎とは目が合った気さえした」と書いている。

あれから2年8カ月。歌舞伎座完成を見届けずに、何人もの名優がこの世を去った。

人間国宝の中村富十郎、中村芝翫、中村雀右衛門さん。そして勘三郎さん。熱心な観客ではなかったが、自由闊達《かったつ》に芝居の枠を広げた勘三郎さんの早過ぎる死が、歌舞伎界にとってどれほど取り返しのつかないことかはよく分かる。11代目市川団十郎さん、落語の古今亭志ん朝さんらの早世に比肩すべき痛恨事だろう。1984（昭和59）年師走、京都・南座の顔見世で先代勘三郎さんとの親子共演を見たのを思い出す。名優とうたわれた父に、最近ますます似てきていた。

ショー・マスト・ゴー・オン。それでも舞台の幕は開く。来春の歌舞伎座披露公演を見届けたい。

不安募る年の瀬（2012年12月22日）

「天の声にも変な声がたまにはある」。1978（昭和53）年の自民党総裁選で大平正芳氏に敗れた福田赳夫氏（いずれも故人）は、こう言い残した。自民、公明両党で325もの議席を得た今回の衆院選。「取りあえず自民に入れた」という有権者の声を何度も聞いた。「ここまで勝つとは思わなかった」とも。神の声ならぬ民の声にも、たまには変なもあるということか。

アベノミクスと呼ばれる経済政策は、市場に期待感をもって迎えられている。金融緩和によるインフレ誘導と大型公共投資で、ようやく景気は回復に向かうのだろうか。

注目すべきは憲法改正を掲げる自民、維新両党で348もの議席を得たこと。次期首相が確実視される安倍自民総裁は、憲法9条を改正して自衛隊を「国防軍」と位置付けると明言している。

尖閣諸島領有権をめぐって日本と対立する中国は、自民圧勝と安倍総裁に対する憂慮を表明した。選挙中の13日には、尖閣周辺で中国機が初めて日本の領空を侵犯。周辺水域でも艦船の挑発的な航行が目立っている。

何やらキナ臭さが増してきた。自民、維新に投じられたのは、本当に改憲賛成票だろうか。大きく右傾化した日本はどこへ向かうのか。

さらに安倍総裁は、原発について「責任を持って再稼働する」などと明言している。原発事故からの復興いまだ遠い福島県では、その安倍総裁率いる自民が5議席中4議席を獲得。福島県民の複雑な心情が推察される。果たして今回の選挙結果で、国民が原発を容認したといえるのだろうか。

疑問点の多い今回の選挙結果だが、確かなのは自公両党が衆院の3分の2以上の議席を手に入れたということ。これにより参院で否決された法案も衆院で再可決できる。自民と維新で憲法改正の発議も可能になった。新年に希望を感じたい年の瀬だが、不安は募る。

希望の歌はどこに（2012年12月29日）

年の瀬にはベートーベンの「第九」が付き物。日本人特有のメンタリティーによるらしい。「歓喜の歌」として知られ、生きる喜びや希望を感じて、新しい年を迎えたいとの願いに基づいているのではないか。ただ、大震災からの復興も途上の今、高らかに歓喜の歌を歌うのには違和感を感じる向きもある。

それでは、先行き不安なこの時代の気分に合った希望の歌は、どこにあるか。

フジコ・ヘミングのピアノ・リサイタルを名古屋で聴いた。スウェーデン人建築家と日本人ピアニストの間に生まれた彼女は、一時聴力を失ったが奇跡的にカムバック。無国籍で過ごすなど数奇な半生が話題を呼び、名声を得ている。

米同時多発テロ被害者やアフガン難民への援助活動を続ける彼女の代表曲は、リストの

「ラ・カンパネラ」。80歳を超す彼女には悪いが、テンポが遅いせいかもう一つしっくりこなかった。

今年デビュー50周年を迎えたボブ・ディランのニューアルバム「テンペスト」を聴いてみた。タイタニック号の惨事やジョン・レノンの暗殺をテーマに、渋さを増した声を絞り出すように歌う。

死の影に満ち、終末観を感じさせる内容で、とても一筋縄ではいかない。1960〜1970年代の旗手だった彼が今もこうして健在であり、凄味《すごみ》を増していることこそが希望かもしれない。

仕方がない。聴き慣れたこんな曲で、年を越すことにしよう。

「口笛を遠く　永遠《とわ》に祈る様に遠く　響かせるよ
言葉より確かなものに　ほら　届きそうな気がしてんだ」
(Mr・Children「口笛」)

◇

この欄を始めておよそ2年。101回目の今回で閉じることにします。「読んだよ」との声を多くいただいたことが励みでした。良いお年を!。

第二章

分水嶺

川上から川下へ。故田中角栄元首相は選挙の際、この戦術を好んで使った。山間地の集落で第一声を放ち、川下の都会へと攻めていく。川上に住む人は少なくても、経験や知恵のある年長者がいる。その意見は都会の子世代、孫世代へと波及する。理にかなった戦術といえるだろう。

▼元首相は行く先々で、主婦らが差し入れるおにぎりをうまそうに頬張ってみせたという。巧みに人心を掌握し、角栄王国と呼ばれる強固な地盤を築き上げた。

▼昨年末の総選挙。王国の後継者で長女の真紀子文科相(当時)は、ついに地元民から見放された。父の遺訓を守らなかったせいだろうか。彼女の第一声はJR長岡駅前だった。

▼先週、長良川をさかのぼり、郡上市白鳥の長瀧白山神社を訪ねた。お目当ては延年の舞と、その中で行われる花奪《はなば》い祭り。雪の踏み固められた境内や拝殿では人々が祭りの開始を待ち構えている。

▼国の重要無形民俗文化財に指定され新聞やテレビで取り上げられるが、思ったより観客は多くない。古式ゆかしい舞と荒ぶる花奪いは見ごたえ十分だが、もっと誘客や地域振興につなげる手立てはないだろうか。

▼県知事選がスタートした。県土の8割以上は中山間地域。まず過疎化、高齢化の進む川上に目を向け、人々の心に訴え掛けてほしい。

――2013・1・13

「私　何だかなないような気がするんですよ」とは、『薄墨の桜』などで知られる作家・宇野千代さんの言葉。98歳で刊行したエッセー集のタイトルにもなっている。
▼芸術分野でも女性に長寿が多いようだ。日本画家の小倉遊亀さんは、104歳の年に海外初の個展をパリで開いた。一宮市出身の洋画家・三岸節子さんは、94歳で亡くなる直前まで花をモチーフにしたみずみずしい作品を描き続けた。
▼そして今年百歳を迎える篠田桃紅さん。日本を代表する墨象作家で祖母が関市、父が岐阜市の出身。書から抽象へと独自の道を歩み、類例のない抽象表現の世界を確立した。
▼今年は「篠田桃紅　百《もも》の譜」と題した記念展が県内4会場で企画され、画業の全体像に触れることができる。まず関市の篠田桃紅美術空間と岐阜現代美術館で始まった。
▼昨年末、対談の取材に同行して東京・南青山の自宅を訪ねた。立ち姿は凛《りん》として、年齢を感じさせない。「その人しか出来ないものをつくるのが芸術」などと明快に話された。
▼かつて雑誌のインタビューで「老いてかえって自由になれた気がする」と語った桃紅さんだが、「同世代の知人がいなくなり、聖路加病院の日野原重明さんくらい」と少し寂しそうだった。ますますお元気で歩まれることを祈りたい。

2013・1・20

2013（平成25）年に入って1カ月近くが過ぎようとしている。国内外を問わず大きなニュースが相次いだが、キーワードで表せば「拙速」ではないか。

▼日本人に10人もの犠牲者を出したアルジェリア人質事件。詳細な経過は不明のままだが、日本政府の要請にもかかわらず、アルジェリア政府は犯行グループに対して強硬策を取った。

▼テロに屈しない姿勢を貫いたと正当化するが、攻撃を急がなければ犠牲は少なくて済んだかもしれない。武力による解決は必ず報復を招く。悲劇の連鎖を断ち切る方策はないか。道筋が見えないのがもどかしい。

▼大阪市立桜宮高校のバスケットボール部主将が、顧問から体罰を受けた後に自殺した問題。来年度の体育系学科の募集中止を求めた橋下市長に、他の運動部元主将らが不満を訴えた。普通学科の生徒も部活に参加しており、なぜ体育学科だけと異議が出るのは当然。あえて声を上げた生徒たちには共感を覚えた。

▼日頃感情的な姿勢が目立つ橋下市長。今回も在校生や受験生のことを熟慮したとは言い難い。市教委は定員を普通科に振り替えただけの募集を決めたが、生徒の不信は収まらないだろう。

▼今日は県知事選の投票日。「何も変わらない」などと考えるのは拙速。県の未来に対する責任は、私たち有権者にある。

――2013・1・27

笠松競馬が生んだスターが、静かに舞台を降りた。アンカツこと安藤勝己騎手。高かった地方と中央の壁を壊し、40歳を超えてのJRA移籍。そしてGI22勝の輝かしい戦績を挙げた。

▼絶対的存在として君臨した笠松時代。当時名古屋のエースだった先輩の坂本敏美騎手と同じレースに騎乗すると、闘志をむき出しにして競りかけた。共倒れも辞さない、火の出るような激しさだった。名馬オグリキャップには主戦騎手として騎乗。相前後して中央の舞台に駆け上がり、笠松の名を天下に知らしめた。

▼坂本騎手はその後、競走中の事故で騎手生命を絶たれた。コンビを組んで笠松の馬を中央で走らせた名伯楽の荒川友司調教師は、惜しまれ早世。オグリも3年前この世を去った。時の流れは速い。

▼笠松競馬は赤字に苦しみ、懸命の経営努力を続けている。スタンドに往時の熱気はないが、名騎手と名馬を生んだことをもっと誇っていい。

▼弟の後を追って中央に移り、いぶし銀の活躍を見せたアンミツこと兄・光彰騎手（現調教助手）の引退セレモニーが、昨年笠松で催された。勝己騎手も駆け付けて花束を贈り、スタンドを沸かせた。これからも笠松を応援してほしい。

▼52歳まで現役。地方の、そして中年の希望の星だった。アンカツさん、ありがとう。

――2013・2・1――

会社の定期健診でのこと。問診票を見ながらの看護師さんとの対話。「たばこはずいぶん前にやめましたね」。「はい」。「お酒はなかなかやめられませんか」。カチンときて「やめようと思ったことはないです」。話は途切れた。酒は百薬の長。ご存じないか。

▼他にも酒にまつわることわざや警句は多い。酒なくて何のおのれが桜かな。これは季節外れだが、落語「長屋の花見」の枕ことば。冬の噺《はなし》では「二番煎じ」が、愛すべき酒飲みたちの生態を描いて面白い。

▼酒のおいしい季節。今年も高山では「酒蔵めぐり」が開かれている。6軒の酒蔵を観光客らに順次公開し、地酒を味わってもらう。

▼いい酒はいい水から。山紫水明の岐阜には、飛驒だけでなく各地に造り酒屋がある。県酒造組合連合会には49軒が加盟している。「岐阜の酒はおいしくて個性的」と専務理事の手綱昭二さん。

▼ただし近年その数は減りつつあるという。海外で日本酒が好まれる昨今。岐阜の酒の魅力をもっと内外にアピールしたい。

▼酒は飲むべし飲まるるべからず。酒断ちしてようやく立ち直り、自分の店を持った男。「よく頑張ったね」と女房に酒を勧められる。口を付けそうになるが思いとどまり、「よそう。また夢になるといけねえ」。これも名高い冬の噺「芝浜」。

――2013・2・3

歌舞伎の大看板が消えた。12代目市川団十郎さんの訃報が伝えられた夜更け、寝付けないままに過去の公演のプログラムを引っ張り出してみた。

▼1985(昭和60)年の襲名披露では歌舞伎座、御園座とともに「勧進帳」の弁慶と「助六」。翌年の岐阜市民会館では「鳴神」と弁慶。20年ぶりの大名跡復活を祝う高揚感をよく覚えている。

▼江戸歌舞伎の華だった。登場するだけで舞台が明るくなった。「ひとつにらんでご覧にいれまする」。代々の団十郎ににらんでもらうと、病にかからないと言われてきた。白血病との闘いでは多くの人に勇気を与えた。

▼一時復帰した2005(平成17)年7月には長良川国際会議場の海老蔵襲名披露に登場。口上と「お祭り」を演じた。最後に見たのは2011年2月の御園座。「義経千本桜」のいがみの権太だった。

▼「家を新築すると不幸がある」。もちろん迷信に過ぎない。ただ4月に迫った歌舞伎座のこけら落としを待たず、あまりに多くの名優が世を去った。人間国宝の中村富十郎、中村芝翫、中村雀右衛門さん。そしてわずか2カ月前の中村勘三郎さんに続いて、埋めようのない穴が開いた。

▼この喪失感は並大抵のことでは消えないだろう。晴れ舞台に欠かせない助六は誰がつとめるのだろうか。新しい歌舞伎座を見るのがつらくなりそうだ。

—— 2013・2・5 ——

「オリオン舞い立ち、すばるはさざめく」

唱歌「冬の星座」にあるように、大気が澄み渡り、星空が最も輝いて見える季節。一等星が多く、肉眼で見える星団や星雲が彩りを添える。
▼全天でいちばん明るい恒星・おおいぬ座のシリウスもその一つ。では二番目に明るいのは？ 知らない人が意外に多いのでは。答えはりゅうこつ座のカノープス。南半球では見やすいが、北半球ではなかなか見ることができない。
▼中国では見ると縁起がいい星とされ、南極老人星、寿星と呼ばれる。有毒物質を飛散させたり日本艦船にレーダーを照射したり、最近はろくなことをしない中国だが、伝承を信じて夜空を探してみたい。
▼日本では東北南部以南で観測できる。県内は美濃地方で地平から3度程度しか昇らない。南の方角が地平線まで開けて、暗いことが条件。今は午後9時前ごろ真南の位置に来る。
▼30年以上前、初めて三河の山中から確認できたときは身震いがした。残念ながらまだ県内で見たことはない。南半球では星座が一変する。オーストラリアでは南十字星さえ見つけるのに苦労した。どれがカノープスやら、現地の人に聞いても分からずじまいだった。
▼暦の上ではもう春。しし座やおとめ座、うしかい座など、春の星座が昇ってくる時間が早くなった。

—2013・2・10

地方公務員は国家公務員より高給取り？　総務省の2012（平成24）年度調査で、全都道府県と市区町村の87・5％に当たる1566自治体で国より給与水準が高くなった。9年ぶりの逆転という。
▼この数字には、からくりがある。国家公務員給与は東日本大震災の復興財源として2012年4月から2年限定で平均7・8％引き下げられた。自治体の水準は国より7・0％高いというが、この下げ分を除けば逆転していないことになる。
▼給与比較に使われるのはラスパイレス指数。国家公務員を100とした場合の地方公務員の給与水準を表す。一般行政職が対象だが、地方は部長級も含めた全員分なのに対して、国は局長や審議官など高給の職員約800人を除外している。
▼「これで地方が高いというのは不公平」と、ある岐阜県職員OBは憤る。さらに「ごまかしの比較を大きく報道するマスコミの姿勢はいかがなものか」と疑問を呈する。
▼国は今回の格差を基に、地方に給与削減を要請。新年度に配る地方交付税を給与分の7・8％に当たる4千億円減らすと迫っている。
▼財政ひっ迫の中で歳出抑制を求められ、地方も身を削るべきとする国にも言い分はある。けれど大仰な言い方だが、権力の監視はマスコミの使命。情報操作や誘導に乗せられないよう自戒したい。

——2013・2・18

プロの落語家を含む審査員が4人ずつ4会場に分かれ、それぞれ約70席の落語を聴いた。全日本落語選手権「策伝大賞」の予選会審査。大学生たちは全国から自費で岐阜市入りしただけあって、真剣そのもの。聴くほうも1日掛かりだが、疲れたと言うわけにはいかない。

▼夏に同市内で開かれるぎふ落語フェスティバル「てんしき杯落研《おちけん》トーナメント」は持ち時間が15分間。策伝大賞の予選は6分間。短い時間に噺《はなし》をまとめ、笑いを取るのは大変だ。

▼10回目を迎えた策伝大賞だが、歴代受賞者は9人とも男性。昔から落語家は男の職業だったが、最近は女性の演者も増えた。ガールズ落語漫画と銘打った「じょしらく」が人気を呼びアニメ化されるほどだ。

▼今回の予選参加者にも女性が目立った。表現力豊かで、芸達者ぞろいの印象。いざとなると男性より度胸が据わるのかもしれない。

▼「全国の大学の人たちと知り合い、競えるのが楽しみ」と目を輝かせていたのは、岐阜大落語研究会の鵜飼家けまりさん。学校の先生になるには人前でうまく話せることが大切と、落研の扉をたたいた。残念ながら決勝には進めなかったが、まだ1年生。今後の成長が楽しみだ。

▼今日は予選を勝ち抜いた8人による決勝。策伝大賞に輝くのは誰か。目が離せない。

——2013・2・24

3月は花月。とはいえ春まだ浅い県内。長良川沿いに北上し郡上八幡を過ぎると、次第に残雪が多くなる。白鳥にある長瀧白山神社の境内には、人の気配がない。正月6日の花奪い祭りのにぎわいがうそのようだ。
▼今月末の31日には白鳥ふれあい創造館で映画「さくら」（1993年公開）の上映会が催される。描かれているのは旧国鉄バス名金線沿いに桜の苗木を植え続けた車掌の故佐藤良二さん。監督で岐阜市出身の神山征二郎さんもトークショーに参加する。
▼「太平洋と日本海を桜でつなごう」と、名古屋―金沢間約260キロに12年がかりで約2千本を植えた佐藤さん。きっかけとなったのは御母衣ダムの湖底に沈もうとしていた桜の大木との出会いだった。
▼桜は湖畔に移植され、やがて花を咲かせて荘川桜と呼ばれるようになる。佐藤さんが残した写真を集めた『名金線に夢を追う』（2002年、弊社発行）には、その様子も記録されている。
▼中にはバスの車窓から撮ったこんな写真も。就職のためふるさとを離れる少女を、雪の中で見送る旧村民たち。佐藤さんのまなざしが感じられ、胸を打つ。
▼桜の道完成を果たせず47歳で亡くなった佐藤さん。「花を見る心が一つになって、人々が仲良く暮らせるように」。花の季節を前に、その遺志をかみしめたい。

2013・3・3

宮城県七ケ浜町出身の大学の後輩から知らせがあった。東日本大震災で津波にさらわれた実家が近くの高台に再建されるという。母親は波にのまれたが奇跡的に生還した。その後、彼は会社に願い出て東京から仙台に単身赴任し、両親を支えてきた。苦労が実り感慨ひとしおだろう。

▼七ケ浜町から約20キロ東北東の同県石巻市には一昨年秋、昨年春の二度訪れた。復興の様子が気になり、世界中の衛星写真や地図情報を閲覧できるインターネットソフト・グーグルアースで見てみた。

▼残念ながら最近の写真は少ない。海岸沿い一帯には廃墟となった市立病院や文化センター、民家跡が点在するだけ。建物が再建された気配はない。

▼日和《ひより》山の麓の門脇小学校。押し寄せたがれきや車に油が引火し、校舎は炎に包まれた。黒く焼け焦げたまま残るが、解体か保存か両論がある。

▼うれしいニュースも伝えられた。同県出身の漫画家・石ノ森章太郎さんを記念した石ノ森萬《まん》画館が再開された。旧北上川を逆流した津波の被害で休館していた。漫画のキャラクター人形があちこちに建つ商店街も活気を取り戻しただろうか。

▼グーグルアースは便利だが、人々の息遣いまでは聞こえない。JR岐阜駅から石巻駅へはバスに乗り継いで6時間前後。また訪ねたい。できれば花の季節に。

――2013・3・10

先輩記者でエッセイスト、郷土史家として活躍した道下淳さんが亡くなったのは、昨年の6月。その後半年ほどのうちに著書2冊が出版された。『美濃、飛騨　味への郷愁』に続いて『郷土史シリーズ　悠久の旅』。いずれも夫人の郁子さんが力を尽くした。

▼県PTA連合会誌に連載した歴史読み物の切り抜きが、手製本として自宅の机の上に残されていた。「夫は何も言わなかったが、出版したかったのでは」と推し量った。

▼本紙で連載中の「ぎふ快人伝」は、企画段階から道下さんに相談した。明治以降でもっと知られていい人に光を当てようと、200人以上をリストアップした。その後病床にあっても、「あの人を忘れていた」と折々に教えられた。

▼そんな思い出からか近代以降の郷土史や文学が専門との印象を持っていたが、誤解だった。『悠久の旅』で取り上げられているのは主に古代や中世の美濃・飛騨。フィールドワークを基にした論考で、その時代の像を浮かび上がらせる。

▼岐阜のことなら何でも知っていた道下さん。分からないことを尋ねようとして二度とかなわないのに気付き、いまだ途方に暮れていたが、指針となる著書が2冊も増えた。

▼非売品だが県、岐阜市、高山市など各図書館で閲覧できる。夫人にあらためて感謝したい。

――2013・3・17――

県内で最も面積の狭い市町村はどこかご存じだろうか。答えは本巣郡北方町。では最も人口密度が高いのは？　こちらも北方町。ちなみに人口密度では全国の町で第8位に入っている。

▼町民にはあまりうれしくないデータかもしれないが、狭いなりの良さがある。文化財観光マップを手に町内を歩いてみた。美濃の正倉院と呼ばれる円鏡寺や北方城跡、俳句の美濃派獅子門道場跡のある西運寺など、気軽に回れる散策コースになっている。

▼同町に関心を持ったきっかけは「北方が生んだ人物」と題した講演会。講師は岐阜女子大教授で地域文化研究所長の丸山幸太郎さん。浄瑠璃の元祖とされる小野お通、日本の博物館の基礎を築いた棚橋源太郎の2人を取り上げた。

▼「町民にもっとわが町のことを知ってほしい」と話すのは、主催した北方の歴史と文化を学ぶ会代表の藤道隆さん。熱意が実り椅子が足りなくなるほど盛況だった。

▼町長が挨拶《あいさつ》後も退席せず、最後まで熱心に聞いていたのにも驚いた。乱暴な言い方だが、市町村合併していたらこうはいかないだろう。

▼同町は他にも女優の峰吟子さん、フォークの高田渡さん（いずれも故人）らを生んでいる。現役では日本中央競馬会の有力調教師・国枝栄さん。わが道をゆく北方町に今後も注目したい。

――2013・3・24

弊社の東京支社は、昨年暮れに汐留寄りに移転するまで長く銀座5丁目にあった。すぐ近くには昭和の面影を残す三原橋。橋とはいっても、実際に川が流れているわけではない。晴海通りをくぐる地下道を三原橋地下街と呼び、古い飲食店や理髪店、そして映画館がある。
▼銀座シネパトス。いわゆるB級映画を中心に、ジャンルにこだわらず内外の名画も上映する個性豊かな映画館だ。2006(平成18)年には昭和天皇を描いた問題作「太陽」を、都内でただ1館上映に踏み切る硬骨ぶりを見せた。
▼60年以上の歴史を誇る同地下街だが、耐震性に問題があるため取り壊されることになった。シネパトスも3月末、つまり今日をもって閉館となる。
▼最後の公開作品は同館を舞台に制作された「インターミッション」。支配人夫婦と観客が繰り広げる会話劇。米の田舎町の映画館を舞台にしたほろ苦い青春映画「ラストショー」(1971年公開)をほうふつとさせる設定だ。
▼地上に出て少し歩けば三原小路。レトロな雰囲気を漂わせているが、古い店が何軒か姿を消した。銀座は少し見ないうちに変わっていく。

さまざまの事思ひ出す桜かな　芭蕉

▼その桜も東京では散り初め。明日から4月。昭和通りを渡った歌舞伎座では、間もなくこけら落とし公演の幕が開く。

――2013・3・31

花散らしの雨に打たれて、岐阜市周辺の桜は盛りを過ぎつつある。けれど県内は広い。飛騨などでは、まだつぼみのところもある。

▼桜は人の心をざわつかせる。西行のように「願わくは花の下にて春死なむ」と望んだり、梶井基次郎のように「桜の樹《き》の下には屍体《したい》が埋まっている」と不穏な想像をしたりする。とりわけソメイヨシノには、退廃の気配がある。水上勉は『櫻守《さくらもり》』の中で、主人公の師の民間研究家に「いちばん堕落した品種」とまで言わせる。

▼研究家のモデルは高名な笹部新太郎氏（故人）。御母衣ダムの湖底に沈むはずだった桜の老木2本を、不可能との世論の中で湖畔に移植。根付いて花を咲かせ、荘川桜と呼ばれるようになった。

▼ソメイヨシノとは違い、ヤマザクラは開花と同時に芽吹く。白い花とのコントラストがすがすがしい。色のない早春の山肌に点々と咲くコブシの純白にも通じるか。

▼岐阜市北部の山裾の小さな社の周辺に、ヤマザクラが何本かひっそりと花を咲かせる。赤紫、黄緑、緑と、若葉の色が木によって微妙に違う。

▼有名どころはまだこれから楽しめる。見ごろの淡墨桜、苗代桜や、荘川桜、臥龍桜はいずれもエドヒガン。揖斐二度桜はヤマザクラの特異な変種という。南から北へと、県内の桜をたどってみよう。

——２０１３・４・７——

今日でお別れ。弊社のコンピューターによる新聞編集システムは、ちょうど30年前の1983（昭和58）年に稼働して以来、現在3世代目。あす15日付夕刊からは4世代目にバトンタッチする。1年以上前から準備を進めて来たが、休刊日を利用しての切り替えとなる。

▼1983年以前は鉛活字を使い、いわばアナログで紙面を作っていた。見出し付けやレイアウトを担当する整理記者は、職人気質の活版部員とやりとりしながら紙面を組み上げていった。うまくいかなくなると「出直してこい」と怒鳴られた。知らないうちに衣服がインクや機械油で汚れていた。

▼そんな時代を知る社員も少なくなった。テクノロジーの進展により新聞編集も省力化され、オペレーターなしの整理記者ワンマン組版に変わった。

▼操作性が飛躍的に向上し大胆なレイアウトも可能になった。制約の多かった鉛時代より紙面から作り手の個性が薄らいだと感じるのは、古い世代の繰り言か。

▼4世代目のシステムでは、文字や写真がこれまで以上に鮮明に印刷されるようになる。取材記者からの出稿もスピーディーになり、速報性が増すはずだ。

▼インターネットを使った電子新聞など、他メディアとも連携しやすくなる。本紙の歴史は132年。紙による新聞発行は、もちろん今後も続いていく。

2013・4・14

新しくなった歌舞伎座の周辺は、開場を待つ人々でごった返し、華やいだ空気に包まれていた。背後にそびえる高層ビル以外は、改装前の外観がよく再現されている。ロビーや客席、舞台など内部も同様で、懐かしくもあり、ほっとした。

▼再開を待つうちに何人もの名優が世を去り、歌舞伎の危機と懸念された。こんなときこそ新しい世代が育つはずと、期待の声も上がった。

▼夜の部の幕が上がり、仁左衛門さん、吉右衛門さんを中心にした「盛綱陣屋」。そして幸四郎さんの弁慶、菊五郎さんの富樫、梅玉さんの義経による「勧進帳」を堪能した。

▼確かに不在の人々の面影がちらつく。働き盛りの40代後半から50代の役者は、なぜかもともと層が薄い。勘三郎さんの早世でさらに際立ってしまった。この喪失感は癒やされるだろうか。

▼中央の大歌舞伎に対して県内は地歌舞伎の宝庫。東濃、飛騨、可児加茂、西濃など各地で、保存会を中心に上演されている。その数およそ30。全国でも屈指の多さだ。

▼後継者不足など伝統の継承には苦労が多いだろうが、現代の大歌舞伎にはなくなった演じ方を伝える貴重な演目もある。ゴールデンウイークには下呂市、揖斐川町、垂井町などで催される。ぜひ出掛けてみよう。

2013・4・21

不景気が長く続き、酒場ではなく自宅で酒を飲む〝家飲み〟が静かなブームだと言われてきた。この季節、家飲みで思い出すのは、民話を題材にした太宰治の短編『瘤《こぶ》取り』。

▼陽気で酒好きのお爺《じい》さんにとって、生涯の伴侶が面白みのない人だったら。太宰は断言する。「酒飲みといふものは、その家庭に於《お》いて、たいてい孤独なものである」。

▼たとえば「もう春だねえ。桜が咲いた」とお爺さんがはしゃいでも、妻は「そうですか」と興のない返事をして、「ちょっと、どいて下さい。ここをお掃除しますから」と味も素っ気もない。

▼いっこうに嫁を持とうとしない息子も、輪をかけたような堅物。お爺さんがちびちび晩酌をやっている傍らで、妻子黙ってご飯を食べている。「春宵一刻、価千金、か」と、言わなくてもいいことをつぶやいてみる。

▼思いがけない幸運が訪れ、逆に近所のお爺さんが不運に見舞われるが、ここでは物語の筋を追わない。あくまで家庭における幸せとは何か、酒飲みにとっての幸せとは何か、思いを巡らしたい。

▼景気の先行きに光明が差したかに思われる今、季節は初夏へと移りつつある。行く春を惜しんで、今宵《こよい》も家で杯を傾けよう。夕日に映える新緑の金華山でも眺めながら。

――2013・4・28――

「散り行く花」のリリアン・ギッシュ、「イヴの総て」のベティ・デイヴィス。映画史の神話時代のミューズ（女神）と黄金時代の演技派大女優が、数十年の時を経て共演したのが「八月の鯨」（米、1987年）。岩波ホール創立45周年記念としてリバイバル上映されている。
▼長い人生の大半を一緒に暮らしてきた老姉妹は、毎年夏になると小さな島の別荘に滞在する。少女のころ、入り江に来る鯨を見ようと海辺に駆けていったのを思い出しながら。
▼いさかいから仲直りした2人が、手を取り合い海を眺めるラストシーン。童心に帰ったような笑顔がいい。名優たちへの、そして映画そのものへのオマージュ（賛辞）とも受け取れる。
▼東京・神保町にある岩波ホールはミニ・シアターの草分け的存在。商業ベースに乗りにくい芸術的作品や、欧米以外の埋もれた傑作などを上映してきた。
▼創立時から総支配人を務めてきた高野悦子さんが、去る2月に亡くなった。根尾の淡墨桜を題材にした羽田澄子監督の「薄墨の桜」を、ドキュメンタリー映画で初めて入場料を取って上映し、無料の慣例を変えたことも記憶に留《とど》めたい。
▼「八月の鯨」は岐阜市の柳ケ瀬シネックスで公開中。こどもの日に、あえて老後を思う。

―― 2013・5・5

鳥インフルエンザの不安が去らないまま愛鳥週間がスタートした。この季節の鳥といえばツバメ。南から渡ってきて民家の軒先などに巣を作り、子育てに忙しい。日本野鳥の会は、ツバメが鳥インフルエンザウイルスを運んでくることはないので怖がらず見守ってほしいという。

▼ツバメは害虫を食べる益鳥として古くから大切にされてきた。「東海道五十三次」で名高い歌川広重は花鳥画の第一人者としても知られ、桃、レンギョウ、アヤメなどとともに季節感豊かに描いている。

▼そのツバメが近年減ってきたという。危機感を抱いた野鳥の会は「消えゆくツバメをまもろうキャンペーン」を展開中。昨年は全国で目撃情報収集と営巣環境調査を行った。それによると分布域は変わらないが個体数は減少傾向にある。

▼同会岐阜の福井強志さんは、原因として家屋構造の変化を挙げる。かつては土間の奥に営巣できたが今は軒先が多く、ひながカラスに狙われやすくなった。憎むべきはカラスか。

▼そこで思い当たる。カラスも鳥であるということに。ツバメと同様、人の身近に生息圏を築き、ツバメに対しては食物連鎖の上位に立っているだけだと。

▼私たちはカラスを愛せるか。難問ではある。愛鳥週間は16日まで。

2013・5・12

久しぶりの島根・松江市で、その変貌ぶりに感心した。30年前に初めて訪れた際は、城下町らしい落ち着いた風情を感じたものの、沈滞ムードが漂っていた。

▼遊覧船による松江城の堀川巡りがスタートしたのは約15年前。遊歩道整備が進み、名所を巡るバスも新設された。観光立市を掲げた前市長のリーダーシップによると聞く。

▼路線バスの運転手が「先ほどお尋ねのお客さま、次のバス停でお降りになり…」と、車内放送で道順まで教えてくれたのは新鮮な驚きだった。タクシーや飲食店での接客にも好感が持てた。

▼若い女性3、4人連れの観光客をよく見掛けた。出雲ガールというらしい。隣の出雲市にある出雲大社は60年ぶり大遷宮の真っ最中。縁結びの神で知られ、近年はパワースポットとしても話題を呼んでいる。

▼松江からは映画「レールウェイズ」で有名になった一畑電車に揺られて1時間弱。陽光に輝く宍道湖を眺めながらの、のどかな旅だ。

▼人口約20万の松江市に対し、岐阜市は41万。逆に観光入込客は年間838万対647万（2011年）と劣勢。例えば岐阜公園や長良川河畔、信長ゆかりの寺などを巡るバスは新設できないか。岐阜市の観光資源は、決して松江市にひけをとらないと思うのだが。

――2013・5・19

きょうは競馬の祭典、日本ダービー。競走馬には生涯ただ一度の晴れ舞台。すべてのホースマンがこの日の栄光を夢見る。特に今年は80回のメモリアルイヤーでもある。

▼先週、大阪地裁で「外れ馬券代も必要経費」との判断が示された。高額の払戻金を得たが申告せず約5億7千万円を脱税したとして、所得税法違反の罪に問われた元会社員への判決だった。

▼的中馬券の払戻金は、まず馬券の総売上から25％が控除される。そのうち15％が運営費で、残り10％は国庫納付金。事実上の税金といえる。馬券の的中者に分配されるのは75％。高額配当を得て課税されれば、競馬ファンは税金を二重取りされるような気分にもなるだろう。

▼金の話ばかりでは競馬にロマンがなくなる。没後30年で再評価の機運が高まっている劇作家で詩人の寺山修司は、競馬についても数々のエッセーや名言を残している。

▼競馬中継にゲスト出演した際、馬券の収支を尋ねられて「逆に聞きますが、あなたの人生はトータルで幸せですか、不幸せですか」と切り返したという。

▼今年のダービーには、北方町出身の国枝栄調教師が管理する馬も出走する。GIレース10勝の名伯楽も、ダービーは取っていない。馬券を離れて応援するのもいい。

―2013・5・26

焼き物の楽家当代、15代目楽吉左衛門さんの講演を名古屋で聴いた。「一楽二萩三唐津」と称されるように、楽焼は茶人に最も好まれてきた。その当主の吉左衛門さんがどんな話をされるのか、門外漢ながら興味を抱いた。

▼ろくろを使わない手こねとへらを使った削ぎ落としが、楽焼の特徴。楽家初代の長次郎の装飾を排した茶碗からは野武士の強さを感じるという。

▼千利休と親交の厚かった長次郎を強く意識した話が続く。「土を見せない長次郎の黒には、黒であることを乗り越えてしまう黒さがある」と表現。人間と自然の在り方を突き付けられるという。

▼細身の体。穏やかな語り口の中に強じんなパワーが秘められている。一子相伝で15代400年続いた伝統の重みはどれほどだろう。「同じものを同じように作っていたのでは、とても背負いきれない」という。

▼ご当地の瀬戸や美濃にも気配りしながらの話しぶり。「桃山、江戸期の織部にはすさまじい時代のエネルギーが充満している」と強調した。

▼折りしも岐阜市歴史博物館では特別展「岐阜の茶の湯」を開催中。長次郎作の黒茶碗も出されている。瀬戸、志野、織部などの名碗を鑑賞し、信長、利休、長次郎、古田織部らの人模様に思いを巡らせたい。

――2013・5・28

黄白色の小さな光が、そこかしこで点滅を繰り返す。まさに神秘的な光景が、目の前に広がっている。1週間前の深夜、岐阜市雄総の長良川河川敷でのヒメボタル取材に同行した。初めて見たという記者は、「宇宙空間に浮かぶ無数の星のよう」と表現した。

▼陸生種のヒメボタルは、水生のゲンジボタルやヘイケボタルより小ぶり。幼虫はカタツムリなどを食べて育つ。

▼案内してくれた岐阜市自然環境アドバイザーの梶浦敬一さんによれば、見ごろは1週間から10日ほどの短い期間。低くゆっくり飛びながら光っているのは雄で、飛べない雌は草木に止まったまま光る。移動性に乏しく、生息域は広がらない。

▼開けた水辺ではなく林間や湿地などに住むため、人目に付きにくい。県内では大垣市赤坂町の金生山明星輪寺の境内も有名で、こちらはこれからが見ごろ。

▼意外に身近な場所にもいそうだ。林や草むらのある神社の境内を探してみた。「いた!」。わずか2匹だが光を放っているのを確認できた。

▼長良川河川敷から数キロ離れているが、遠い昔はつながっていたのだろう。孤島のようになった場所でひっそりと世代交代を重ねてきたか。水辺のホタルだけでなく、ヒメボタルたちの住む場所も保全したい。

2013・6・2

東日本大地震から間もなく2年3カ月。甚大な被害を受けた宮城県南三陸町を訪ねた。仙台市からバスで2時間弱。車窓には田植えの終わったばかりの水田が広がる。山の緑は岐阜より少し若い。
▼海岸に近づくと、更地になった区画や寸断された鉄路が目立つ。建物の赤い鉄骨がむき出しで残されている。女子職員が防災無線で避難を呼び掛け続け、犠牲になった旧防災庁舎だ。
▼近くの仮設商店街にはバスやマイカーが並び、活気がある。役場などの行政機能は高台のプレハブに集積されている。
▼佐藤仁町長に復興の現状を聞いた。高台への集団移転を進めたいが、国の諸制度が障壁だという。運用が厳格で融通が利かない、霞が関の官僚は頭の中だけで考えずに現場を見てほしい、と語気を強めた。
▼日々のニュースに追われて、被災地への関心が薄らいだマスコミにも責任があると自戒する。そんなとき、ホテルで広げた地元紙・河北新報の記事が目に留まった。
▼「被災者　いま」欄に「岐阜の中学生と交流」の見出し。福島県飯舘中3年の渡辺栞さんの話では、各務原市中央中生徒会とインターネット電話での交流が続いている。震災後にパソコンを贈られて以来の縁だという。中学生に救われた思いがした。

―― 2013・6・9

富士は日本一の山。自然だけでなく信仰や芸術の対象としての価値が認められ、世界文化遺産に正式登録される。海外でもその名が一段と高まることだろう。

▼富士山と諸国の名峰との背比べ伝説が各地に残る。次々に敗れ去った中で唯一残ったのが白山。そこで二つの山頂に樋《とい》を架け、真ん中から水を流して雌雄を決することにした。水は富士山に流れかけたが、やがて白山に向かって流れ始めた。

▼慌てた白山の神が草鞋《わらじ》を脱いで樋の下に差し込んだが、時すでに遅し。水は白山の頂を濡《ぬ》らして富士山が日本一に決まり、白山は次位に甘んじることになった。それ以来、山頂に草鞋を奉納する風習が生まれたという。

▼富士山、立山とともに三霊山とされる白山は、古くから信仰の中心だった。岐阜県側は郡上市白鳥町の美濃馬場《ばんば》（現長瀧白山神社）が登山口で、修験者や参拝者でにぎわった。

▼石川、福井両県などと白山文化圏として世界遺産を目指したが、暫定一覧表候補にとどまった。その後は休眠状態となっている。

▼世界遺産に認められれば、先行例を見ても観光客の大幅増が見込まれる。環境保護など課題も多いが、再度機運を盛り上げられないか。伝説の通り富士山の次は白山、との思いを新たにしたい。

2013・6・16

歌舞伎座の花道に明かりがともり、市川海老蔵さん扮《ふん》する助六が姿を現した。大向こうから「成田屋」「待ってました」の声が掛かる。傘をさしたままゆっくりと花道を歩み始めた。
▼市川団十郎家に伝わる歌舞伎十八番のうちでも最も華やかな演目が「助六由縁《ゆかりの》江戸桜」。芝居のあらゆる要素が詰まった、特別な舞台には欠かせない祝祭劇だ。
▼1985（昭和60）年の十二代目団十郎襲名披露や、3年前の歌舞伎座さよなら公演を思い出す。今回の歌舞伎座こけら落としでは、急逝した父団十郎さんに代わって海老蔵さんが務める。
▼主役だけでなく周りを固める顔触れも変わった。28年前は歌右衛門さんの揚巻、先代仁左衛門さんの意休だった。他にも多くの名優がこの世を去った。舞台に浮き立つような華やかさが足りないと感じるのは、不在の人々を思うからか。それとも若い助六の硬さのせいか。
▼助六が手にする紺の蛇の目傘は、岐阜市加納の産。製造元の藤沢健一社長（82）によれば、花道での所作が15分以上も続くため、特別の材質で軽くしてあるという。
▼父団十郎さんの代から納めているが、紺といっても微妙に違い、いわば時代の色だと。海老蔵さんの好みは、黒と見間違えるほど鮮やかな紺。今後を楽しみにしたい。

—2013・6・23—

三日三月三年。それぞれ新入社員が会社を辞めたくなる節目だという。6月は研修を終えて職場に配属され、悩んだり壁にぶつかったりするころだろうか。

▼わが身を振り返ると、この季節、プレス向けツアーで先輩記者と立山黒部を訪れたのを思い出す。見るもの聞くもの、そして他社記者との触れ合いなど、すべてが新鮮だった。

▼アルペンルートのバス車中で、ガイドさんがこんな名言を紹介してくれた。「山を想《おも》えば人恋し、人を想えば山恋し」。北アルプス開拓の先駆者・百瀬慎太郎の言葉だという。あれから三十数年、なぜかずっと頭に残っている。

▼Uターンしたものの学生生活を送った東京に戻りたいという気持ちと、人間関係を離れて自然の中で暮らしたいという願望。若いころはその両極で揺れていたのを思い出す。

▼今年の新入社員は、14%が就職先に「やや不満」と答えた（岐阜信用金庫の取引先企業調査）。就活に明るさは増したが、不満を感じても我慢して就職する人が増えているようだ。

▼近ごろは老後について考えることが多くなった。世間との関係維持に努めるか、山の懐に抱かれて田舎暮らしをするか。結局、前述の名言に戻ってしまう。考える時間のたっぷりある新入社員がうらやましい。

2013・6・25

民主への失望感に乗じた安倍自民による政権奪還から半年。6月も今日で終わりだが、人々が変化や新しさを求める基調は続いているようだ。今年上半期を振り返ってみよう。

▼まず挙げたいのはNHK連続テレビ小説「あまちゃん」。岩手県の海辺の町を舞台に、海女やアイドルを目指す女子高生がヒロイン。東北弁の「じぇじぇ」が流行語になり、朝の茶の間を明るくしている。

▼AKB48総選挙で、大方の予想を覆しサッシーこと指原莉乃さんが1位選出。持ち前の陽気さでバラエティーなどでの活躍が目立っていた。国民的アイドルグループの新たな展開を予感させる。

▼サッカー日本代表がW杯出場を決めた夜、DJポリス登場。東京・渋谷のスクランブル交差点の騒乱を未然に防ぎ、警視総監賞。上から目線でお堅い警察のイメージは変わったか。

▼アベノミクス効果で上昇を続けた株価は、あっけなく暴落し乱高下。特に地方では景気回復の実感はない。経済好調で支持率の高いうちに改憲、との首相の胸算用は失速気味。

▼月が変われば参院選。憲法、TPP、原発再稼働など日本の将来を左右する問題がめじろ押し。県内は1議席に4新人が出馬予定。誰が無関心ムードを吹き飛ばし、国政に新風を吹き込むか。

――2013・6・30

天の光はすべて星。米国のSF作家フレドリック・ブラウンに、こんなタイトルの長編小説がある。舞台となるのは宇宙開発への情熱が失われた近未来。女性上院議員候補が木星探査計画を公約に掲げる。それを知った初老の元宇宙飛行士が、計画実現に奔走する。

▼SFといっても、エイリアンが登場するわけではない。地上を離れることのない地味なストーリー。夢かなわず木星ロケットに乗れなかった主人公が打ち上げを見るシーンは、切なくてほろ苦い。

▼この物語が発表されたのは1953（昭和28）年。旧ソ連による初の人工衛星打ち上げより4年も前のこと。日本ではやがて高度成長期。あのころの子どもたちは、21世紀には誰でも宇宙に行けるようになると信じていた。

▼そして半世紀が過ぎた。宇宙開発は遅々として進まず、通信系テクノロジーばかりが妙に発達した現代。人々は携帯やスマホを片時も離さず、ツイッターやフェイスブックのチェックに余念がない。繋《つな》がっていないと不安なのだろうか。

▼「いいね！」とは、とても言えない。あのころの未来がこんなだったとは。ブラウンの想像した世界に近いともいえる。

▼たまには夜空を見上げて、星々のきらめく宇宙に思いをはせてみよう。きょうは七夕。

――2013・7・7――

「歴史は繰り返す、一度目は悲劇として、二度目は喜劇として」。何も第2次安倍政権のことが言いたいわけではない。バブル崩壊を経験したのにアベノミクス相場に浮かれがちな人々のことでもない。

▼カール・マルクスの有名な言葉で、フランス革命と、約60年後の2月革命のことを指している。2月革命では前回同様に市民らが王政を倒したが、すぐにルイ・ナポレオンによる帝政に移行する結果となった。喜劇を茶番劇と訳す場合もある。

▼古今東西、歴史に関する名言は多い。他紙で先ごろ、その社の社長の座談会での発言が紹介されていた。「ニュースの99・9％は過去の繰り返し」だという。

▼誰の言葉だろう。調べてみたが分からない。99・9％という数字の根拠はどこにあるのだろうか。オリジナルだとしたら大思想家、いや神のごとき発言ではある。

▼参院選の争点である憲法。改憲か護憲か。肝心なのは、戦争の過ちを二度と繰り返してはならないという大前提。同じく原発。東電福島第1の事故を二度と繰り返してはならない。

▼哲学者ヘーゲルはこう言っている。「歴史を学ぶと、我々が歴史から学んでいないことが分かる」。きょうはパリ祭。フランス革命記念日。歴史をきちんと学び直したい。

――2013・7・14

ネット選挙解禁に合わせてというわけではないが、遅まきながらフェイスブックを始めた。SNS（ソーシャル・ネットワーキング・サービス）としてはミクシィを長く使ってきたが、最近はめったにのぞかなくなっていた。

▼匿名でよかったミクシィに対してフェイスブックは実名公開が原則。やり取りにスピード感があり、昨今の盛衰はうなずける。

▼検索してみると、筆者と同世代の50歳代後半以上の利用者は多くない。同業他社の知人や同級生はほとんど探し出すことができず、残念だった。

▼違和感を覚えるのはカバー写真などに対して「いいね！」とクリックするのが、半ば義務であること。建前の付き合いを強いられているようで、居心地はよくない。

▼「いいね！」はあっても「よくないね！」「おかしいね！」とは言えず、褒め合うばかり。批判や反論には向かない。選挙ツールとしては、候補者の発信する情報はすぐに得られるものの、本音での意見交換は期待できない。

▼最近は「SNS疲れ」が問題になっている。確かに四六時中つながり続けていることはストレスになりそう。断言してもいいが、フェイスブックが飽きられる日も遠くないだろう。友だちになってくれたみなさん、ごめんなさい。

――2013・7・16

ずっと後になって、あそこが歴史の転換点だった、と気付かされることがある。もしかすると、今日2013（平成25）年7月21日がそうなるかもしれない。衆院選に対して中間選挙的な色彩の強い参院選だが、今回は重大な意味を持つ可能性がある。

▼憲法、原発、アベノミクス、TPP、道州制など国の針路を左右する論点がめじろ押し。それらが必ずしも争点とならず、選挙戦は緊張感を欠いたまま推移した。

▼各メディアの調査はいずれも自民の圧勝。公明と合わせて与党安定多数を得て、衆参のねじれ解消の勢い。民主惨敗、第三極伸び悩み、共産は上向きと報じられた。

▼けれど実際の選挙結果は、事前予測と大きく異なることがある。勝ち馬に乗るのがバンドワゴン効果。その逆はアンダードッグ効果。今回はどうか。

▼4新人で1議席を争う岐阜選挙区も、論戦が盛り上がったとは言い難い。本社世論調査で「関心がある」と答えた有権者は前回を10ポイント以上下回った。投票率が気掛かりだ。

▼景気や雇用、社会保障、消費税など暮らしに直結する争点も多い。本紙はさまざまな切り口の報道で、判断材料の提供に努めてきた。各党各候補の主張をもう一度吟味していただきたい。後悔先に立たず。さあ、投票に行こう。

―2013・7・21

「部下の手柄は上司のもの。上司の失敗は部下の責任」。ドラマ「半沢直樹」（日曜、CBC）の中で銀行の役員が口にする台詞《せりふ》。日常的にも似たようなフレーズを耳にする。会社や組織にはよくある話なのだろう。

▼ドラマの舞台は大阪のメガバンク支店。支店長命令で無理な融資をした会社が計画倒産。責任をかぶせられた融資課長の半沢直樹が、5億円を回収しようと奮闘する。出世欲にかられた支店長や、上にへつらう副支店長が憎々しい。

▼原作は加茂郡八百津町出身の作家池井戸潤さん。銀行員から作家に転じただけあって細部までリアリティーを感じさせる。直木賞受賞作『下町ロケット』をはじめ、中小零細の製造業に対する愛情が作品の底流にある。

▼今季はNHKのドラマ「七つの会議」（土曜）も同じ池井戸さんの原作。こちらは内部告発をテーマに電機メーカーの暗部を描き、陰鬱《いんうつ》なムードが漂う。

▼「半沢直樹」は第2回で視聴率20％超えと絶好調。身勝手な上司や出世競争に翻弄《ほんろう》されるのは、高度成長期もバブル期も小泉改革以降も、いつの世も同じ。サラリーマンの共感を呼んでいる。

▼主人公の決め台詞を、実社会で一度言ってみたい人も多いだろう。「やられたらやりかえす。倍返しだ」。

――2013・7・28

生き物と触れ合う夏。岐阜市科学館では「親子で集合！かわいい動物園」を開催中。夏休み恒例の特別展だが、今年はかわいい動物の親子がそろった。筆者は子どもと行く年齢ではないので、行きづらいのが残念。

▼かつて岐阜公園に小さな動物園があった。この季節、ライオンはやる気なさそうに寝そべり、ペンギンは円形のプールで涼しげに泳ぎ回っていた。一角に淡水魚の水族館もあり、暗がりにオオサンショウウオが潜んでいた。

▼信長をアピールするのもいいが、生き物に親しむ身近なスポットがなくなったのは惜しまれる。隣接する名和昆虫博物館が唯一健在なのはうれしい。

▼気が付けば昭和の夏とは様変わりした。市街地の公園や神社の森はクマゼミの大合唱。以前は梅雨の半ばにニイニイゼミが鳴き始め、アブラゼミが続いた。クマゼミは山裾の高い木の上にいて、めったに姿を見られないセミの王様だった。

▼今年はとりわけアブラゼミが少ない。夕モを手にした子どもたちも、簡単に捕れるのですぐに飽きてしまうほど多かったのに。温暖化の影響だろうか。

▼「かわいい動物園」には、ヘラクレスオオカブトやニジイロクワガタなど昆虫類もいるという。虫好きとしては、やはり行ってみようかな。

──2013・7・30──

いささか手前味噌《みそ》かもしれないが、岐阜市の長良川河畔で昨夜開かれた全国花火大会は素晴らしかった。夜空を彩ったのは絢爛《けんらん》豪華な超特大スターマインなど約３万発。岐阜の四季やイグアスの滝が見事に表現された。

▼戻り梅雨のように不安定だった週半ばまでとは一転し、天候に恵まれた。会場や周辺で運営に協力いただいた皆さんに感謝したい。

▼息つく間もなく打ち上げられ数十万人の観客を魅了する全国花火もいいが、県内各地で行われる大会もいい。規模はそれほど大きくなくても、故郷の山や城を背景にしてそれぞれに風情がある。打ち上げの合間に余韻がある。

▼「間断の　音なき空に　星花火」。この句を詠んだのは、女優の夏目雅子さん。白血病により27歳の若さで亡くなる40日ほど前、夫で作家の伊集院静さんと一緒に、病室の窓から神宮外苑に揚がる花火を見たという。

▼締め切られた窓越しに、花火が音もなく開く情景を詠んだとされる。花火の合間に静寂が訪れ、空には星々の瞬きが見える。むしろそう解釈できないだろうか。

▼今夕は多治見市制記念花火大会が土岐川河畔で催される。岐阜新聞・ぎふチャン花火シリーズは、24日の郡上市美並町と岐阜市柳津町まであと10大会。お楽しみに。

2013・8・4

広島、長崎への原爆投下、そして終戦から68年。日本人が平和への誓いを新たにする夏。戦争の記憶が薄れてゆく中、自らの体験を語り継ごうと努力を続ける人たちがいる。

▼県原爆被爆者の会会長の梅岡昭生さん（84）も、その1人。「原爆が普通の爆弾と同じように捉えられがちな気がしている」。危機感を抱きながら、今後も核兵器廃絶のため全力を尽くすという。

▼一方で、先月末に飛び出した麻生太郎副総理兼財務相の「ナチスの手口に学べ発言」。改憲論議を冷静に進めたいというのが真意と釈明したが、「（憲法が）誰も気付かないで変わった」のを肯定しているとしか受け取れない。改憲を目指す安倍首相の盟友としての本音だろうか。

▼衆院選初出馬の際、支援者を前に「下々《しもじも》の皆さん」と第一声を放ったという麻生副総理。その後も数々の失言放言で物議を醸してきた。

▼今回は野党各党の反応の鈍さが気になる。臨時国会もあっさり幕を閉じた。参院選の結果を引きずっているのだろうか。思考停止状態のような、奇妙な静けさに支配されている気がしてならない。

▼「また麻生さんか」では済まされない。憲法や平和について真摯《し》に考えよう。気付いたらとんでもないことになっていた、では遅い。

――2013・8・11――

学生落語のメッカといえば岐阜市。今年10回目を迎えた全日本落語選手権「策伝大賞」ですっかり定着した。そしてもう一つ、「てんしき杯争奪学生落語トーナメント」が加わり、存在感を増している。

▼ぎふ落語フェスティバルの一環として催されるてんしき杯は、今年で4回目。週末の2日間、審査員を務めた。予選、決勝合わせておよそ30席の落語をたっぷり聴いた。

▼全国から集まった大学生らの持ち時間は予選10分、決勝15分。策伝大賞に比べて倍近い。真の学生実力日本一を決めたい、と主催者は意気盛んだ。

▼岐阜市で催される学生落語の二大イベントを、もっと全国にアピールできないか。策伝大賞は市とNHKの仕切りだが、テレビ放映がほとんどローカル枠なのは残念。通信社を巻き込む手もある。双方の内容をもっと差別化することも必要だろう。

▼今回てんしき杯を見事獲得したのは、京都産業大2年の童亭独歩さん。全体のレベルの高さにも驚かされた。詳しくは県内版をご覧いただきたい。

▼ぎふ落語フェスでは、てんしき杯の審査に当たったプロによる落語会が三つも開かれた。今日は「岐阜でじょしらくGO&チビ落語」と銘打った会が柳ケ瀬で催される。こちらも楽しみだ。

2013・8・18

「さすらい」。映画や歌謡曲のタイトルに繰り返し使われてきた。先日亡くなった藤圭子さんも2曲の同名異曲を歌っている。1曲はオリジナル、もう1曲は克美しげるさんの曲だった。

▼藤さんがカバーした後、克美さんは殺人という大罪を犯し、歌手生命も絶たれた。だが「泣いてくれるな　流れの星よ」で始まる「さすらい」は、隠れた名曲として今も歌い継がれている。

▼藤さんはNHKの紅白歌合戦に5回出場している。4回目の1975（昭和50）年に歌ったのが、自身のオリジナルの「さすらい」だった。

▼浪曲師と盲目の三味線弾きの子として岩手県に生まれ、北海道で育ち、18歳で歌手デビュー。「圭子の夢は夜開く」などの大ヒットで栄光に包まれた。そして62歳で自死を遂げるまでの道のりは、長い「さすらい」だったのだろうか。

▼作家の五木寛之さんは、藤さんの歌は「怨歌」だったとし、「当時の人びとの心に宿ったルサンチマン（負の心情）から発した歌だ」という。

▼「時代の歌姫」と呼ぶには暗すぎた。だが彼女の歌声は、高度成長期の陰の部分を体現していた。今よりにぎやかだった柳ケ瀬でもよく流れていただろう。「どう咲きゃいいのさ、この私」。彼女の歌は、紛れもなく時代の歌だった。

——2013・8・25

久しぶりに徳山を訪れた。人々の暮らしていた家や田畑や学校を深い水底に隠すダム湖を見るのは、これまで気が進まなかった。旧徳山村を舞台にした神山征二郎監督の映画「ふるさと」（1983年公開）を思い起こす。忘れ難きふるさと。村民たちの合唱が頭の中でリフレインする。
▼揖斐川最上流部に位置する徳山ダムは、多目的ダムでは日本最大。治水、利水を目的として1970年代に計画され、2008（平成20）年完成。村民は1989（平成元）年までに村を離れた。
▼その過程で旧村民らによる反対運動が起こり、補償交渉は難航。ダムの必要性や環境への影響をめぐる論争は、全国的な注目を集めた。
▼その直下で現在建設が進められているのが中部電力の徳山水力発電所。2015（平成27）年6月の全面運転に向けて、巨大な水管と発電機周辺部分の設置工事が地下で進められている。
▼最大出力15万3千キロワットで、所長の浦上博行さんによれば中電の水力発電所で最大となる。年間では大垣市と揖斐川、池田、神戸各町の全世帯の消費量相当分を賄う。
▼福島第1原発事故による電力事情の激変で、水力は再生可能エネルギーとして期待が高まる。震災後は見学者が増えた、と浦上さん。全村水没も少し報われるか。
――2013・8・27

9月。日曜日からスタート。美濃地方などの小中学生には、夏休みのおまけのような1日。月曜日から2学期。気の重さも増しそう。得したような損したような。▼猛暑もようやく収まってきた。どんな秋になるのだろう。ぎふ清流国体からはや1年。今年は県内外にビッグイベントが見当たらない。▼県内では、来年の岐阜市長選への動きが加速している。そして県指定金融機関をめぐる1年越しの論議。これまで通りか交代か。熟慮期間を経て、古田県知事が県議会にどんな提案をするか注目される。▼国内に目をやれば、アベノミクスに期待外れ感。株価はなかなか浮揚せず。地方では景気回復を実感できない。参院選で安倍自民を圧勝させた国民。そろそろ成果がほしいころ。TPP交渉、消費税増税問題も正念場。▼国外では、内戦状態続くシリア、エジプト。シリアでは化学兵器による国民の無差別殺りく。業を煮やした米国の軍事介入が迫る。報復の連鎖を招かねばいいが。▼1週間後に2020年五輪の開催地が決まる。東京かマドリードかイスタンブールか。東京五輪といえば1964(昭和39)年の世代。東洋の魔女、円谷選手の栄光と悲劇、黒い弾丸ボブ・ヘイズ。再び選ばれてほしいようなほしくないような。

2013・9・1

ルドンを初めて知ったのは、大学時代の学生新聞の特集だった。石版画集「エドガー・ポーに」にある「眼は奇妙な気球のように無限に向かう」が紹介されていた。
▼ロックグループのレッド・ツェッペリンのアルバムジャケットに使われた飛行船と重ね合わせて、論じられていた。飛翔する巨大な眼球はなぜ真上を向いているのか。今も謎めいている。
▼5年ほど後に岐阜県美術館が安宅コレクションのルドンを大量購入し、1982（昭和57）年開館。次第にルドンの人気が高まることになる。
▼その新聞は学内を牛耳る学生運動セクトに敵視されていたようで、キャンパスの塀の外の物置のような建物に部室を置いていた。新進作家の山川健一さんが所属していると聞き訪ねたが、誰もおらずそれきりになった。特集を書いたのが山川さんかどうか、確かめられずにいる。
▼ルドンはクロード・モネと同じ1840年生まれだが、光を発見した印象派とは対照的に黒にこだわり続けた。神話の怪物や奇妙な動植物。愛、希望などといった要素を含まない世界は、見る者を幻惑してきた。
▼50歳を過ぎて、なぜ鮮やかな色彩へと変貌を遂げたのか。岐阜県美術館で開催中の「オディロン・ルドン　夢の起源」展でじっくり確かめてみよう。

2013・9・8

7年後の自分はどうしているか。多くの人が思いをはせたことだろう。2020年五輪の東京開催が決まって1週間。高揚感もひと段落しただろうか。

▼決定への過程で何度も聞かされた「東京は安全」というフレーズには違和感があった。「は」と言うことで、原発事故処理の続く福島は除外される。今なお苦しんでいる人々に対して無自覚過ぎないか。汚染水が「完全にブロックされている」などは論外だ。

▼五輪を政治に利用してはならないと、これまで戒められてきた。だが経済に利用すること、言葉を変えれば経済への波及効果については、あけすけな期待感をもって語られる。今回も約3兆円との数字が躍っている。

▼昨年のぎふ清流国体では経済効果は前面に出なかった。期待外れとの声もあったが、あくまで「清流の国づくり」のコンセプトに沿って準備され、開催された。

▼市川崑監督による記録映画「東京オリンピック」（1965年）は、記録性より芸術性に偏りすぎていると当時批判があった。けれどスポーツの持つ純粋さ、ひたむきさは鮮やかに捉えられていた。

▼野暮な金勘定など二の次にして、わくわく感を持って待とう。一方で、おそらく7年後も傷癒えない福島や東北を思い続けながら。

——2013・9・15——

いつごろからか、同窓会ブームが続いている。この夏、懐かしい級友と再会した人も多いだろう。集合写真を掲載する本紙「同窓会だより」コーナーは、およそ1カ月待ちの状態。担当者によれば、始まった2007（平成19）年春当初からずっと人気だという。

▼その半面、「結婚しました」や、赤ちゃんの写真を載せる「はじめまして」は、投稿がなかなか集まらなくなった。いつの間にか様変わりした。

▼小さな子や若い人はフリーペーパーなど新聞以外のメディアにも載る機会が多いが、中高年は少ないからでは。担当者はこう分析する。

▼同い年、同じ学年だと分かると、急に親近感を覚えることがある。山あり谷ありの時代を、これまで生きてきた連帯感のような感情が生じるのだろう。

▼たとえば一昨年、国体視察に訪れた山口県の温泉街で、たまたま入った焼き鳥屋のおやじが同い年だった。すぐに打ち解けて、遊びが過ぎて離婚したこと、一流会社に就職した息子の自慢など身の上話を聞かされ、酒が進んだのを思い出す。

▼いじめに関するニュースが後を絶たない。卒業して何十年か後に同級生と再会し、心から喜び合えるかどうか。同じ時に同じ教室で学ぶ友のありがたみを、子どもたちに分かってほしいものだ。

――2013・9・17

そろそろ読んだほうがよさそうだ。来月発表されるノーベル文学賞の受賞者予想で、村上春樹さんが今年も1番人気になっている。

▼英国のブックメーカー（賭け屋）が発表した倍率は3～4倍。8倍だった昨年以上の期待を集める。岐阜市の大手書店も「今度こそ」とコーナー特設の準備に入るという。

▼『風の歌を聴け』でデビューしたのは1979（昭和54）年。村上龍さんらとともに新しい文学の旗手となった。次作の『1973年のピンボール』（1980年）までは、学生運動退潮後の時代の気分をよく表していた。

▼『羊をめぐる冒険』（1982年）になると違和感を覚えるようになった。そのあたりで遠ざかり、今日に至っている。世のハルキストを敵に回す覚悟で言うが、難解で思わせぶりに書きすぎている気がした。

▼それは同じころ出された猪瀬直樹さんのノンフィクション『ミカドの肖像』（1986年）にも通じる。西武グループと皇族の関わりを主軸にした内容。「東京には空虚な中心がある」というが、その周囲を回っているだけのようでもどかしかった。

▼猪瀬さんが都知事となり五輪誘致に成功。村上さんはノーベル賞の最有力。時の流れに嘆息してばかりはいられない。せめて最新作だけでも読んでおかなくちゃ。

――2013・9・29

秋の夜長。ウイスキーのグラスを傍らに、読書にふけるのもいい。面白いミステリー小説と香り高いシングルモルトの組み合わせなら、言うことはない。ついつい度を越さないよう注意しなければ。

▼環太平洋連携協定（TPP）交渉で政府は、酒類と皮革製品の関税撤廃を各国に提案するという。最大30%程度の関税がかかっているウイスキーやワインの価格が下がる一方で、最近海外でブームとなっている日本酒の輸出促進につながると期待される。

▼先ごろ恵那市の岩村酒造がパリのイベントに出展するなど、海外での販路拡大を目指す県内の蔵元も多い。関税撤廃は絶好の追い風となるだろう。

▼「天使の取り分」という言葉がある。「天使の分け前」とも呼ぶ。酒を木製の樽の中で熟成させる間に、蒸発により目減りすることを指す。熟成期間が長いほど天使の取り分は多くなる。ウイスキーでは10年で80%程度に減るという。

▼古来スコットランドなどでは「天使に分け前を取らせているからこそ、おいしいウイスキーができる」と考えてきた。粋でロマンチックな言い方だ。

▼天使の取り分を埋めるほどの関税撤廃。日本に益があるかどうか、なお議論の分かれるTPPだが、酒好きには歓迎すべきことのようだ。

2013・10・6

世界各国の街でわざと路上に財布を落としたら、どの国の人が正直に届け出るか。こんな実験結果が話題を呼んでいる。趣味がいいとは言えないが、国民性の違いなどが分かって興味深い。

▼調査したのは米情報誌リーダーズ・ダイジェスト。家族写真や連絡先情報と約5千円相当の現地通貨が入った財布12個を、16カ国の大都市に落とした。

▼1位に輝いたのはフィンランドの首都ヘルシンキ。11個が戻ってきた。ムンバイ（インド）、ブダペスト（ハンガリー）、ニューヨーク（米）、モスクワ（ロシア）と続き、最下位はリスボン（ポルトガル）で1個だけだった。

▼残念ながら日本の都市は対象外。中国や韓国も入っていない。生真面目さには定評がある日本人だけに、上位に食い込んだのではないか。

▼日本国内でも東京と大阪では違った結果が出そうだ。岐阜のような地方ではどうか。県民ブラジル移民100周年の本紙企画で、こんな話が紹介されていた。

▼ブラジルから美濃加茂市の小学校に転入したばかりの渡辺マルセロ君。2万円入りの財布を落としてしまったが、誰かが拾って警察に届けてくれた。家族全員が驚き、日本は安心できる国だと実感したという。県内の街はきっと上位に入ることだろう。

――2013・10・8

学校給食への昆虫や異物混入のニュースが後を絶たない。発端は可児市。パンに付着していたコバエを取り除いて子どもたちに食べさせ、批判を浴びた。その後岐阜市、可児市、関市などで相次いだ。

▼普段ならとても扱われないようなことでも、報道されていないか。安全は確かに最優先だが、食べ物を大切にするという観点もおろそかにはできない。対応に苦慮する市や学校関係者の胸中も察したい。

▼学生時代に民俗調査で訪れた信州の村でのこと。農家の縁側でお茶とおはぎを振る舞われた。ハエが周りを飛び回り、おはぎに止まったのを見て、どうしても手が出せなかった。自責の念とともに思い出す。

▼いつから私たち日本人はこんなにきれい好きになったのだろう。外国に行けばよく分かる。いっそ清潔病とでも呼びたいほどだ。

▼カイチュウ博士こと藤田紘一郎さんによれば、寄生虫がいなくなったことが花粉症の原因だという。衛生無害になり過ぎた国への警鐘として興味深い。

▼子どもたちに虫を食べさせていいとは言わない。ただ、青菜やキノコに虫が付いているのは自然界なら当たり前。さまざまな食材の生産者や、調理に当たった人たちのことを思えば、全量廃棄が行き過ぎの場合もあるだろう。

2013・10・13

その昔、はるか年上の先輩たちは、クラーク・ゲーブル主演の「或《あ》る夜の出来事」（1934年公開）を見て新聞記者にあこがれたという。少し後の世代には「ローマの休日」（1954年公開）のグレゴリー・ペック演じる記者だったようだ。

▼私たちの世代は、朝日新聞記者だった本多勝一さんの『戦場の村』など優れたルポルタージュに触発された。町ぐるみの不正に立ち向かう地方紙記者を描いた米のミステリー小説『緊急深夜版』も忘れがたい。

▼新聞記者が魅力的な職業でなくなったのは、いつごろからだろう。最近の大学生の人気企業ランキングで、新聞社は上位に入らない。新聞への期待が薄れたからだとしたら残念だ。

▼先日開かれた新聞大会では、消費税増税への対策が討議された。新聞は民主社会の必需品だからと、軽減税率の適用を求める特別決議を採択した。

▼新聞だけが増税からの除外を求めるのは虫がよすぎないか、との批判は承知している。そう言われないためにも、日ごろの報道の在り方を再確認したい。

▼安倍内閣が進める成長戦略や原発、TPPなどの政策は、地域に生きる私たちにとって是とすべきかどうか。読者とともに考え、地方紙の使命を果たしていきたい。初心忘れるべからず。

――2013・10・20――

先日、東京に向かう新幹線車中でのこと。雑誌を読んでいると、アナウンスが入った。「進行方向左手の窓に、富士山がよくご覧になれます」。目を向けると、山頂付近に雪を冠した姿がくっきりと見えた。

▼後で知ったが、その日が初冠雪。世界遺産登録後初めての雪化粧を見逃さずにすんだ。あえて雪のことを言わない簡潔な放送に好感が持てた。

▼その一方で、同じJR東海の在来線。ダイヤの遅れはありがちなこと。たとえ数分でも、急いでいるときはイライラする。そんな際の車内アナウンス。「発車間際の駆け込み乗車は、大変危険ですのでおやめください」。

▼乗客に注意喚起する前に、まずおわびと遅れた理由の説明が先ではないか。マニュアル通りなのだろうが、イライラを倍加させる。毎日乗る通勤通学客は慣れっこなのだろうか。

▼もう一つ。デパートのエスカレーター付近で常時流されている館内放送。「危のうございますので、手すりにおつかまりくださいッ」。「危のう」がいつも妙に引っかかる。

▼丁寧語としては正しいのだろうが、そこだけ山の手の奥様言葉のようでむずがゆい。「危ないです」にすると、形容詞+「です」となり文法的には誤用。ならば「危険ですので」のほうが自然では。

――2013・10・27――

台風が次々に襲来する不穏な秋。夏が猛暑だったこともあって、野菜の値上がりが著しい。「嫁に食わすな」と言われる秋ナスは、スーパーで1本百円近い日もあった。なかなか手が出しづらい。
▼初夏のころからかき回し続けてきたわが家のぬか床だが、入れる野菜が少ないせいもあってか味が落ち気味。ぬか独特のにおいが嫌われて、「一体いつまで続けるの」と迷惑がられている。
▼市販の漬物より安くて添加物もないからと抵抗してきたが、今年はそろそろ潮時か。年間を通じて味わえるが、冬より夏の味覚ではある。
▼会社で同好の士に聞いてみた。ぬか床は冷凍保存して来年また使用。これからの季節は白菜漬けだという。女房には触らせない、とも。さすが年季が入っている。
▼大正・昭和を舞台にしたNHKテレビ小説「ごちそうさん」では、ぬか床に吉行和子さん演じる祖母の霊が宿り、ヒロインの成長を見守る。各家庭で漬物を漬けていた昔とは違い、昨今の共稼ぎ家庭では趣味としてしか続かないのは仕方がない。
▼27日付当欄で「危ないです」という言い方は文法的に誤用としたが、現代の日本語教育では許容されていた。いち早く指摘してくれた妻には、今年最後のナス漬けを食べてもらいたい。

――2013・10・29

今年は1978（昭和53）年の日中平和友好条約締結から35周年の節目の年。残念なことに、昨年起こった尖閣諸島の領有権をめぐる問題以来、両国関係は国交回復後で最悪の状態が続く。大気汚染や食品添加物の問題が日本国内の市民感情に大きく影を落としている。

▼そんな今、岐阜が日中友好のパイオニアだったことを、あらためて思い起こそう。県日中友好協会が出版した『ナツメの木は生きている』は、国交回復より10年も前に岐阜・杭州両市が日中不再戦の碑文を交わした経緯を、丹念な取材でたどる。

▼太平洋戦争下で日本に強制連行された中国人殉難者の遺骨返還運動は、県内各地にも広がった。やがて民が官を動かして、両国の地方都市同士による碑建立として結実する。

▼筆者の土屋康夫さんは岐阜新聞の記者や論説委員を長年務め、戦中戦後の日中関係の歴史に詳しい。「こんな時代だからこそ、中高生ら若い世代に知ってほしい」と期待を込める。

▼最終章では文化交流に先鞭《べん》をつけた劇団はぐるまや、中国東北部（旧満州）の高校生に奨学金を届け続ける「微風の会」を紹介。県日中友好協会の活動の枠外の動きにも目配りしている。

▼草の根交流の視点から見た岐阜の日中友好史として、広く読まれてほしい。

――2013・11・3

各務原市内の山あいにあるゴルフ場。ポプラやサクラなど木々の葉が赤や黄に染まり始めている。若葉のころもいいが、秋の深まりを感じるこの季節もいい。プレーの手を休めて見入ると、散々な成績でも心が安らいでくる。

▼と、その時、フェアウエー脇の林から、耳を疑う鳴き声が聞こえてきた。「オーシーックツクツク」と繰り返す。あれは確かにツクツクボウシ。立冬前日のことだ。

▼この地方では夏の終わりを告げるセミとして知られ、他のセミの声がまばらになる8月下旬から9月にかけて盛んに鳴く。10月に入っても聞けることがあるが、朝晩冷え込む11月上旬まで生き残っているとは驚きだ。

▼これも夏の猛暑やその後の高温傾向の影響だろうか。何でも異常気象と言ってしまうことには抵抗があるが、小さな生き物ほど自然界の異変には敏感だろう。

▼「まだセミがいる」と同伴者やキャディーさんに話し掛けたが、ほとんど無関心。プレーに集中しているからだろうが、少しは鳴き声に耳を傾けてやってほしかった。

▼他の多くの昆虫と同様、セミは雄しか鳴かない。もはや今年最後の1匹かもしれず、仲間に声を届かせるのは困難だっただろう。それでも、雌と出合えることを祈らずにはいられない。

——2013・11・10

個性あふれる騎手だった。スマートな若手ぞろいの昨今、横幅のある独特の体形で遠くからもよく分かった。笠松競馬所属の浜口楠彦騎手。快速牝馬ラブミーチャンとのコンビで全国に名をとどろかせた。53歳現役。突然の訃報だった。

▼地方競馬は売上減に歯止めがかからず苦境に立たされている。中央に殴り込んで大活躍した怪物オグリキャップや安藤勝己元騎手を生んだ笠松も、近年は瀬戸際で踏みとどまってきた。

▼中央馬との実力差は広がるばかりで、交流競走で地方馬は歯が立たなくなった。そんな時代にラブミーチャンは走り続けた。2009（平成21）年の全日本2歳優駿など数々の重賞を獲得。地方競馬の年度代表馬にも選出された。

▼そのラブミーチャンも骨折が判明して引退。前後して笠松所属馬が調教中に逃走して車と衝突し、運転していた男性が亡くなる事故が起きた。改善策を検討し自粛していた競馬再開を目指す矢先だった。

▼「ハマちゃん」の愛称でファンに親しまれた浜口騎手。1976（昭和51）年のデビュー以来通算2560勝。笠松の繁栄の時代を知る最後の騎手だった。

▼愛嬌《あいきょう》たっぷりの笑顔と、インタビューでの実直な話しぶりが忘れられない。笠松からまたひとつ明るさが消えた。残念でならない。

——2013・11・13

1963（昭和38）年11月23日。50年前のこの日の早朝、ジョン・F・ケネディ米大統領の暗殺が日本に伝えられた。事件が起きたテキサス州ダラスでは22日午後だった。

▼記憶をたどると、家族一緒の朝食風景が浮かんでくる。いつもと同じ朝だった。初の日米衛星中継実験があることは知っていたので、普段以上にテレビ画面に注目していた。そして予期しないニュースが飛び込んできた。

▼恐ろしいことが起きたのは子供心にも分かった。そのあと小学校に登校したと思っていたが、勤労感謝の日で休みだったらしい。記憶とは曖昧なものだ。

▼当時、ソ連や中国など世界の約半分の人々が社会主義・共産主義の未来を信じていた。自由主義陣営の盟主たる米国とソ連は冷戦状態にあった。

▼翌年に東京五輪を控えた日本は高度成長の真っ最中。公害による人への健康被害が伝えられてはいたが、科学技術の発達は明るい未来をもたらすと信じられていた。

▼半世紀を経て、大統領の長女キャロライン・ケネディさんが駐日米大使に就任した。タカ派的姿勢の目立つ安倍首相と距離を置くオバマ大統領が、自身よりもリベラルといわれるケネディさんを起用した意図はどこにあるのか。安倍首相との関係改善のサインならいいが。

――2013・11・19

駅伝が人の心を引き付けるのはなぜだろう。中でも男子の大学駅伝、とりわけ箱根駅伝は正月の風物詩となって久しい。歴史を重ね、第90回記念大会があと40日足らずに迫ってきた。

▼東京―箱根間を選手10人が2日掛けて往復し、母校の襷《たすき》をつなぐ。制限時間内に中継所に届けられなければ、無念の繰り上げスタートとなり観衆の胸を締め付ける。往路最終区には天下の険とうたわれた箱根の山が待ち受け、数々の逆転のドラマを生んできた。

▼そんな箱根駅伝だが、あくまで関東の大学競技会。最高峰に位置すべきは、今月3日に熱田神宮―伊勢神宮間で行われた全日本大学駅伝だろう。

▼今年は創部1年目の岐阜経済大が県勢32年ぶりに出場。朱色のユニホーム姿の8選手が伊勢路を走り抜いた。

▼チームを大舞台に導いたのは可児市出身の揖斐祐治監督。土岐商から駒澤大に進み、黄金期のエースとして4年間箱根を走った。卒業後所属したエスビーが今春廃部となり、伝統のユニホームを受け継いだ。

▼「雰囲気にのまれた。力を出し切る練習に取り組みたい」。揖斐監督は雪辱を誓う。1年生主体の若いチーム。世間の目が箱根に向く冬の間に力を付けて、来年以降、層の厚い関東勢を見返す走りを期待しよう。

――2013・11・24

先週衆院を通過した特定秘密保護法案。強引な手法で可決した後、安倍首相の傍らで満面の笑みを浮かべる谷垣法相の姿が印象的だった。

▼1980年代の半ば、国家秘密法（スパイ防止法）案が国会で審議されたが、提出した自民内でも反対の声が上がった。リベラル色の強い宏池会に属していた谷垣氏もその1人だった。弁護士資格を持つ同氏は、その危うさを認識していたのだろう。

▼今回の採決で造反した自民議員はただ1人。棄権した村上元行革担当相だけだった。30年近い歳月を経たとはいえ、この変わりようはどうか。さまざまな意見を許容するのが自民の良さであったはず。巨大政権党の均一化した姿に、戦前を思い浮かべる向きもあるだろう。

▼法案は参院で審議に入り、自民など与党は6日の成立を急ぐ。民主など野党は成立阻止を強調するが、めどは全く立っていない。

▼県内では大学教授らが反対声明を出し、県弁護士会は廃案を訴えて岐阜市内をパレードした。市民団体もビラまきや講演会でアピールを続ける。

▼国家秘密法案は世論の強い反対で廃案に追い込まれた。国民の知る権利をどう守るか。秘密指定をチェックする仕組みを明確にできるか。良識の府・参院の存在意義を示してほしい。

――2013・12・1

特定秘密保護法が成立した。多くの国民が疑問に感じ、さまざまな分野から反対の声が上がったが、与党は耳を貸さなかった。怒りと無力感、そして国の将来への不安が交錯している。
▼日弁連によれば、そもそも情報の漏えいだけを問題にしているのがおかしい。公文書は紙ベースから、電子データで作成され取り扱われるようになりつつある。改ざんや抹消の危険もあるが全く考慮されていない。
▼特定秘密保護法など作らなくても、情報管理システムを適正化すれば済む話だという。国民の知る権利を保障する情報公開法、公文書管理法の改正こそ必要だとする。公聴会で説明すると、与党側参考人も「確かにその通り」と納得したとのこと。
▼そうだとしたら、今国会でのドタバタは何だったのか。安倍政権は何を急いだのか。国民はまんまと乗せられただけなのか。
▼そんな騒ぎの間に、東日本大震災から千日が過ぎた。福島県ではこのところ首長選で現職の敗北が相次いでいる。除染の遅れなど国の復興政策への不満が底流にあるようだ。
▼もし今国政選挙があったら、与党は敗北するのか。必ずしもそう言えないのは、民主党前政権に対する失望がいまだに尾を引いているからだ。政治への不信はさらに深い。

――2013・12・7――

日本で焼かれた茶碗《わん》で、国宝に指定されたものがいくつあるかご存じだろうか。答えは、わずかに2碗。本阿弥光悦作の楽焼の銘「不二山」と、志野焼の銘「卯《う》の花墻《はながき》」だ。
▼東京・日本橋の三井記念美術館でこの秋、「国宝・卯花墻と桃山の名陶」展が開催された。卯花墻は桃山後期に美濃の牟田洞窯で焼かれたとされる名品で、作者は分かっていない。
▼漢字の「井」に見える模様は、卯の花（宇津木）が咲き誇る垣根の様子とされる。そう言われると志野特有の白地に模様が映えて、景色が見えるようだ。
▼会場には志野だけでなく黄瀬戸、瀬戸黒、織部など美濃で焼かれた逸品が多数展示されていた。多くの観客が訪れて見入る様子に少し誇らしさを感じた。
▼ところが、牟田洞窯跡など大萱古窯群跡がある可児市久々利地区に、リニア中央新幹線が通るという。JR東海によれば、中津川市にできる駅周辺を除けば県内最長の約1・2キロの地上部分が同地区を横切る計画。
▼可児市は地下トンネルへの変更を要望しているが、JR東海は現計画で進める方針を変えない。「明快な理由も示されず残念」と、冨田成輝可児市長は変更を訴える。JR側の「造ってやるのだから」という姿勢が見え隠れするようで残念だ。
――2013・12・8

何という国だろう。北朝鮮の金正恩第1書記の叔父で後見人とされてきた張成沢《チャンソンテク》氏が、特別軍事法廷で死刑判決を受け、即時執行された。

▼失脚が伝えられて1週間余り。「売国行為を働いた」と糾弾されて、議場から連行される写真も公開されていた。北朝鮮では高官の粛清が繰り返されてきたが、身内でも容赦しない異例の厳しさだった。

▼トップとナンバー2の関係を考えさせられる動きは国内でもあった。特定秘密保護法への対応を契機に、みんなの党が分裂した。4年前、一緒に党を立ち上げた渡辺喜美代表と江田憲司前幹事長だが、互いに非難し合う結末となった。

▼そこで思い出すのが落語の「百年目」。登場するのは商家の旦那と大番頭。所帯も持たぬ堅物で店のため長年尽くしてきた番頭には、別の顔があった。外回りの途中で粋な着物に着替え、芸者や幇間《ほうかん》をあげて花見としゃれ込む。どんちゃん騒ぎの最中、何と出くわしたのは旦那。

▼逃げるように店に戻ったが、生きた心地はしない。呼ばれて覚悟を決めたが、意外にも日ごろの働きぶりと自分の金での散財を褒められる。これからはひとり楽しまず奉公人にもゆとりを持たせよ、と。

▼県内も日に日に寒さが増す師走。人情噺《ばなし》の温かさが恋しい。

――2013・12・15

本紙くらし欄連載企画「みのひだ雑学」の執筆者松尾一さんは、いくつもの顔を持つ異能の人だ。自ら経営するまつお出版から出した辛口エッセー集『岐阜は名古屋の植民地!?』は、大きな反響を呼んだ。
▼自宅のある岐阜市加納を中心とした地域史や、近世交通史の研究で知られる。北陸街道など各街道の紀行文を出版し、自ら撮りためた写真の展示会も開いた。市のまちづくりにも携わっている。
▼松尾芭蕉の高弟各務支考の流れをくむ俳諧結社「獅子門」の同人でもあり、一歩の俳号を持つ。初めての句集『五臓六腑《ぷ》』の出版を祝う会が先ごろ開かれ、さまざまな分野から多彩な顔ぶれが集まった。
▼師匠に当たる獅子門第41世道統の大野鵠士さんは、「一歩さんの句には、おかしみとその底に哀《かな》しみがある」と評した。句集のタイトルは代表句「年酒や五臓六腑の一腑欠け」から採られている。
▼挨拶《あいさつ》に立った人たちは、口々に「いつ知り合ったか思い出せない」「気が付いたら親しくなっていた」と話した。人柄をよく表している。
▼大野さんによれば、「(言語表現は)短ければ短いほどその人らしさが切実に出てしまう」という。句集からもう一句挙げれば「服装の流行遅れおどろかし」。なるほど。味がある。

――2013・12・22

暮れも押し詰まって、重要なニュースが相次いでいる。安倍首相の靖国神社参拝は中国、韓国から強い反発を受けたばかりか、米国からも失望感を示された。外交的孤立が懸念される。

▼政権発足1年の節目に「不戦の誓い」を立てるためだという。国内外からの批判や制止の声を振り切り、強行する必要があったのか。

▼歴史認識や領土問題で冷え切った中国、韓国との関係がさらに悪化するのは目に見えていたはずだ。「なぜ今なのか。民間交流にも影響は出てくる」と県日中友好協会の亀之内昌武理事長は当惑を隠さない。

▼沖縄の米軍普天間飛行場の移設問題で、仲井真県知事が名護市辺野古沿岸の埋め立てを承認する目途《めど》が立ったことも、大きな判断材料になったと思われる。周到にタイミングを計っての参拝だろう。

▼安倍政権は、経済最優先のアベノミクスを掲げた発足当初とはその顔を一変させた。特定秘密保護法、道徳の教科格上げ、武器輸出三原則の緩和方針などタカ派色をあからさまにする。

▼ここまで国の在り方を変えようとするのなら、国民に信を問うべきではないか。おそらく3年後まで国政選挙の予定はないだろうが、あえて言いたい。有権者は何でもありの白紙委任状を与えたわけではない。

2013・12・29

今年いちばん心に残った歌は何だろう。11年ぶりに来日したポール・マッカートニーさんの「ヘイ・ジュード」や、現国立競技場最後のラグビー早明戦終了後に松任谷由実さんが熱唱した「ノーサイド」を挙げる人は多いだろう。
▼あえてNHKテレビ小説「あまちゃん」の中で薬師丸ひろ子さんが歌った「潮騒のメモリー」を推したい。音痴のはずが意表を突いて見事に歌い上げた。
▼その薬師丸さんが歌い継ぐ名曲に「黄昏のビギン」がある。水原弘さんのヒット曲だが多くの歌手にカバーされてきた。中でもちあきなおみさんが傑出している。
▼「喝采」で1972（昭和47）年の日本レコード大賞に輝いたちあきさん。歌唱力は美空ひばりさんに匹敵すると称されたが、夫の俳優郷鍈治さんを1992（平成4）年に亡くして以降、公の場に一切登場していない。
▼今年秋にレコード会社2社共同のベスト盤が出され、NHKが歌番組で特集するなど再評価の機運が高まっている。カムバックの日は来るだろうか。
▼さまざまなことを思い出す大みそか。人々は歌によって浄化されたくて「年忘れにっぽんの歌」（テレビ東京＝ぎふチャン）や「NHK紅白歌合戦」を見る。何やらきな臭く、不安が増す世の中だが、来年がいい年でありますように。

――2013・12・31

長かった正月休みも今日限りの人が多い。国内外ともに大きな事件や事故が少なく、穏やかな年末年始だった。明日からは2014（平成26）年の日本社会が本格的に動き出す。

▼待ち構えるのは政治や経済の懸案事項。4月の消費税引き上げで回復基調にある景気は腰折れしないか。早期妥結を目指すTPPは暮らしにどう影響するか。首相の靖国参拝により一段と悪化した中韓両国との関係も暗い影を落とす。

▼気掛かりなのは首相のタカ派的政治姿勢だ。特定秘密保護法に続き集団的自衛権の行使容認などに取り組む構え。戦前回帰への不安をあちこちで耳にする。

▼県内に目を転じよう。清流の国づくりを掲げる3期目の古田県政は2年目に入る。植樹祭、豊かな海づくり大会、国体の三大行事に続いて、来年秋に揖斐郡揖斐川町で行われる育樹祭を前面に出す。イメージ戦略に終わらず、どんな果実を実らせることができるか。

▼県都岐阜市では市長選が目前に迫る。現職に2新人が挑む構図。空洞化した市中心部の再興、岐阜大医学部跡地の有効利用など争点は多い。

▼昨年末の弊社トップ人事をめぐる混乱では、皆さんからご心配や叱咤《しった》激励をいただいた。報道の中立性を肝に銘じて、県紙としての誇りを取り戻したい。

――2014・1・5

いつごろからだろう。「元気をもらう」「勇気をもらった」などという言い回しをよく耳にするようになったのは。元気や勇気は、もらったりあげたりするものだろうか。どうしても違和感がある。「元気になった」「勇気づけられた」ではだめなのか。

▼スポーツ競技で使われることが多い。「被災地の人たちに勇気を与えたい」などと、宣誓やインタビューで選手が口にする。あえて言うが、スポーツは、それを見て生きるための勇気をもらうほど大層なものか。

▼スポーツの感動を否定するつもりはない。年のせいもあり、駅伝で県出身選手の力走を見て涙腺が緩んだりする。ただし頑張るのは勝利のためであり、人に何かを与えるためではないだろう。

▼ついでに言えば「〜してございます」という言い方も変だ。もともとは企業などの企画プレゼンテーションで耳にした。昨今は普通のスピーチや挨拶《あいさつ》でも丁寧語のように使われるようになった。

▼ぼやき漫才の人生幸朗さんを覚えている人もいるだろう。流行歌のフレーズに文句を付け、「責任者出てこい!」が決め台詞《ぜりふ》だった。

▼日本語は時代とともに変化するものだとしても、生理的に嫌なものは嫌だ。今年は意識して文句言いの頑固爺《じじい》になろうと思っている。

——2014・1・12——

図らずも介護に関する事柄と向き合わざるを得なくなった。介護保険の仕組みや要介護、要支援の区分、病院を最長3カ月で出された後はどうなるか。特養、老健、グループホーム、ケアハウスなどはどう違うか。初歩から学ばねばならないことばかりだ。

▼それにしても岐阜市や近郊に、これほど多くの高齢者向け施設があるとは。そして大勢の人たちが日々を過ごしていることに、これまで気付かなかった不明を恥じた。

▼黙々と車椅子に座り、一堂に会しての食事。男女入り交じった看護師さんや介護士さんは明るく丁寧に、粘り強く対応している。少子高齢化の進む日本は、知らぬ間に介護社会へと変貌を遂げていた。

▼ただ、そこを流れる空気を支配しているのは、穏やかな諦観のように感じられる。お年寄りたちは、子どもや若者に戻れるはずもないのだから。

▼介護保険の制度改革案では、国が画一的に行っている軽度者へのサービスを市町村で独自にできるようになる。地域の特性を生かせるというが、軽度者切り捨てにつながらないか。今後の国会での審議を注視したい。

▼懸命にリハビリに励むお年寄りを見ながら、「無理しないで。これまでよく頑張ってきたのだから」と、心の中でつぶやいてみた。

――2014・1・19

冬至から1カ月。日ごとに陽光が強さを増し、昼間が長くなってきたのを感じる。けれどこれから立春にかけてが寒さの底だ。岐阜市周辺ではこれまで雪はほとんど降っていないが、寒さはいつもの冬より厳しく、身に染みている。

▼そんなある日、各務原市内のゴルフ場でのこと。ティーグラウンド脇の林間から、何やらコッコツと木をたたくような音が断続的に聞こえてきた。しばらく目を凝らすと、高い針葉樹の幹にとまる1羽の鳥。キツツキだ。

▼長いくちばしで一心不乱に木をつつく行動は、ドラミングと呼ばれる。巣穴づくりや虫の捕食のほか、異性への求愛の意味があり、春先によく見られるという。

▼家の庭に出てみれば、梅やサンシュユのつぼみが膨らみを増してきた。木の根元ではタンポポが地面に張り付くように葉を広げる。スイセンも白と黄の花を付け始めた。

▼夜更けに星空を見上げれば、オリオンなど冬の星座は西に傾き、代わってしし座が勢いよく天空に駆け上ろうとしている。しし座のデネボラ、おとめ座のスピカ、うしかい座のアークトゥルスを結べば春の大三角。東の空にくっきり見える。

▼春はそこかしこで準備されている。受験生にとっては今が正念場。もう少し、寒さに耐えよう。

―― 2014・1・21

この季節になると、いまだに大学受験生だったころを思い出す。もはや40年も昔のこと。入試制度も受験生を取り巻く環境も、大きく様変わりした。

▼昨年秋、出身高校から送られてきた学校だよりの進路実績を見て驚いた。地元の岐阜や愛知の大学への進学者数が断然多く、京都や大阪など関西が続く。東京など首都圏はごく少数派になっていた。

▼産業教育系各高校の校長先生に話を聞く機会があったが、近年は地元志向が強まっているという。ただし普通科進学校出身の大学生にとっては、地元に戻るにも就職先が限られていると口をそろえた。

▼岐阜市出身の社会学者で甲南大准教授の阿部真大さんによれば、地方都市では郊外の大型ショッピングモールが若者たちの「ほどほどパラダイス」になっているという（『地方にこもる若者たち』朝日新書）。

▼彼らが関係を持っているのは仲間と家族だけで、旧来の地域コミュニティーとは切り離されているとする。切り口は面白いが、彼らが「内にこもりつつ外に開いていく」可能性を秘めているとの結論はどうか。

▼ずっと親や同級生の中で暮らして、自己は確立できるか。一度は「ほどほど」ではない外の世界を目指してほしいと考えるのは、古くさいだろうか。

——2014・1・26

きょうは、岐阜市長選の投票日。4期目を目指す現職に新人2人が挑んでいる。中心市街地活性化対策や市庁舎移転、産業振興策など将来へのグランドデザインはどう描かれ、市民に届いたか。

▼過去の市岐阜商存続問題のような明確な対立点はないが、高齢化対策や子育て支援などは暮らしに直結する。悔いのない1票を投じよう。

▼一方、首都東京では都知事選が熱を帯びている。衆院解散がない限り、全国規模の国政選挙は再来年の参院選まであと2年半行われない。重要課題について国民の民意を問う場がない中で、原発問題が争点になっている。

▼「原発ゼロ」を強調する細川元首相や宇都宮前日弁連会長に対して、舛添元厚労相は原発依存度の低減を公約に挙げるが前面には出さない。電力の一大消費地であり東電の大株主でもある東京で、都民はどんな選択をするか。

▼「勝てば民意で負ければ地方」。先月行われた沖縄県名護市長選の後、全国紙の投稿欄にこんな川柳が載った。米軍基地移設推進の候補が敗れたが、「地方の選挙」と無視を決め込む政権側を皮肉っている。

▼都知事選でも「原発政策は国の問題」と強調し、予防線を張る。結果によって、「原発再稼働が民意だ」などと言いださないだろうか。

——2014・2・2——

品ぞろえのいい本屋を何軒かはしご。買ったばかりの本を開くのは、香り高いコーヒーを出す喫茶店。昼どきならおいしい食堂かレストラン。本好きにとっては、街歩きに欠かせないスポットだ。

▼かつて岐阜市の繁華街・柳ケ瀬はそんな昼の顔を持っていた。時は移り、「肩を触れ合わずには歩けない」と言われたメーンストリートから人の姿がまばらになった。大型書店や古書店も次々に姿を消した。

▼そんな昨今、柳ケ瀬の東の外れの殿町に小さな古書店を見つけた。スリッパに履き替えて店内に入る。文学関係などの充実ぶりに驚き、時間を忘れて見て回った。

▼「徒然舎《つれづれしゃ》」女性店主の深谷由布さんは、出版社勤務を経て3年前に開店。「岐阜では手に入りにくいアート系など、自分も読みたい本にこだわっている」という。商店街の一箱古本市にも携わる。

▼店を出て西に歩けば、美殿町を経て柳ケ瀬通に通じる。和菓子、漬物などの老舗や新しい飲食店が点在し、散策に楽しい。

▼購入したミニコミ誌「ほんまに」は、昨年秋閉店した神戸・元町の老舗書店の特集。多くの人が愛情のこもった文章を寄せ、どんなに惜しまれたかが伝わってくる。大型チェーン店やネット通販も便利だが、地元の店を大切にしたい。

2014・2・9

睡眠不足の日々が続く。熱戦を展開するソチ冬季五輪。時差5時間がこれほど大きいとは。屋内競技は現地時間深夜に決着することも多い。日本では午前3時を過ぎる。ずっと起きているか、早寝して起きるか。悩ましい時間帯だ。

▼これほど遅めの設定は、欧米のテレビ放映時間帯を考慮してのことかもしれない。時差などもろともせず、日本選手は健闘している。

▼スノーボードのハーフパイプ男子で銅メダルに輝いた平岡卓選手(奈良県出身)と同女子5位入賞の岡田良菜選手(滋賀県出身)は、他県から郡上市高鷲町の高鷲スノーパークに通って技を磨いた。ノルディック複合の永井秀昭選手は、岩手県出身だが岐阜日野自動車に勤務する。

▼頂点を目指す選手たちにとって、県内のスキー場が優れた環境にあることの証しだろう。そのことをもっと県内外にアピールできないか。

▼残念ながら県出身選手は今回出場していない。これまでの冬季五輪で、メダリストは1998(平成10)年長野のショートトラック500メートル銅メダルの植松仁さん1人だけだ。

▼県は2020年の東京五輪に向けて、中高大学生を対象とした支援に乗り出す。遠征費補助や養成合宿を検討している。冬季競技も含めた底上げで、メダリスト誕生を見たい。

——2014・2・16

今年も熱い戦いが繰り広げられている。学生落語の日本一を決める策伝大賞。全国各大学の落語研究会から事前審査を通過した約230人が、説法の名手で落語の祖とされる安楽庵策伝の出身地・岐阜市に集まった。

▼昨年の第10回記念大会で大賞に輝いたのは、関西大の花の家なごみこと今井智子さん。「堪忍袋」で会場の笑いを取り、女性で初の快挙だった。

▼表彰後、審査委員長の桂文枝さんからは「キャラの濃い人だけが決勝に進む現状では、予選の審査基準から見直さなければならない」と厳しい講評があった。定められた持ち時間は予選で6分以内。軽い噺《はなし》を選択し、ギャグをちりばめて笑いを取る手法に走りがちだ。

▼大会参加者は年々増えて、今年は過去最多の320人が応募。初めて事前のビデオ審査で人数を絞った。予選審査員からはレベルアップしたとの声が上がった。

▼残念なのは、大会の結果が全国にあまり報道されないこと。主催のNHKは来月14日に岐阜県域で特集を放送する。全日本選手権と銘打たれている以上、もっとニュースとして発信されないものか。

▼予選会を勝ち抜いた8人によって、きょう決勝大会が行われる。ソチ五輪に負けない好勝負を期待しよう。滑ることを恐れずに。

2014・2・23

先ごろ、出張先の静岡でのこと。宿泊したホテルに朝刊の無料サービスや販売がなく、読むことのできないまま見学バスツアーに出発した。大切な朝の日課を一つ忘れたようで落ち着かない。コーヒーを飲めなかったときに似た気分。携帯でインターネットのニュースを見ても満たされなかった。

▼こんなとき役に立つのが電子新聞。弊社も昨日から配信を始めた。名称は「岐阜新聞　電子版」。パソコンやスマートフォン、タブレット端末で、午前6時から朝刊が閲覧できる。

▼簡単な操作で文字を拡大表示。気になる記事を保存するクリップ機能もある。飛騨、東濃、中濃、西濃、岐阜の各地域版が読めるのも特長。未掲載の関連写真も見ることができる。

▼若者の活字離れ、新聞離れが言われて久しい。電車やバスの車内では、老若を問わず多くの人が携帯を手にしている。新聞を読む人は皆無に近い。

▼ネットは確かに便利だが、興味のあるコンテンツしか検索しない。自分の見たいニュースしか選ばない。

▼こんな新聞週間標語があった。「新聞は地球の今が　開く窓」。紙面を開けば重要ニュースが詰まっている。新聞こそ、世界を読み取るための最良のブラウザー（閲覧ソフト）。若い世代に電子版を届けたい。

―2014・3・2―

異様で不気味な事件が起きている。東京都内の公立図書館などでアンネ・フランクの日記や関連書籍が破られる被害が相次ぎ、300冊を超えた。第2次大戦中にナチスの迫害を受け収容所で死亡したユダヤ人少女の日記が、なぜ狙われるのか。

▼一部の図書館では、ユダヤ人を救った加茂郡八百津町出身の外交官・杉原千畝の伝記も被害にあった。反ユダヤ主義やファシズムが背景にある可能性も否定できない。

▼安倍首相の靖国参拝や改憲姿勢、籾井勝人NHK会長の従軍慰安婦発言など、日本の右傾化は海外でも注視されている。今回の事件もその流れの中で起きたとの認識が広がる。私たち国民も鈍感ではいられない。

▼特に懸念されるのはNHK。安倍首相と親しいとされる籾井会長は、全理事に辞表を出させるなど問題視される発言や行動を続ける。

▼経営委員たちも負けていない。長谷川三千子氏は朝日新聞社内で拳銃自殺した新右翼団体幹部を礼賛。百田尚樹氏は都知事選の応援演説で改憲などの持論を展開した。

▼そんな中、出色なのが連続テレビ小説「ごちそうさん」。戦時下の庶民の暮らしを丹念に描き、声高な反戦平和の叫びより心に響く。たとえ上層部が問題でも、NHKの良心を見る思いがする。

――2014・3・4

もうすぐ、あの日がやってくる。4回目の3月11日。東日本大震災が残した傷痕はひと区切りがつくだろうか。3年という時の長さをどう受け止めればいいだろうか。

▼「それは、どのように被災地と関わっているかで違うのでは」と話すのは、岐阜市粟野東で「コミュニティ・カフェわおん」を運営する杉浦陽之助さん。宮城県東松島市、石巻市などを訪れての救援活動のほか、県内移住者との交流食事会を開催してきた。

▼店には海産物や缶詰などの販売コーナーを設置。宮城産のカキを使った東北応援ランチを提供している。自分にはあっという間の3年だったと振り返る。

▼最近は「少し疲れが出てきた」との被災者の声をよく耳にするという。がむしゃらに頑張ってきたが、「元の風景がどんどん思い出せなくなり、忘れたくても忘れられないことばかり残ってしまう」と。

▼「わおん」では石巻の人たちを撮り続ける横山暁仁さんの写真展を開催中。11日にはB級グルメとして人気の「石巻焼きそば」を、石巻のバー経営者だった須田裕司さんが調理して販売する。地に足の着いた支援活動の輪が広がる。

▼自分にとっては、どんな3年だっただろうか。できることをしてきただろうか。あらためて自問したい。

――2014・3・9――

本のページを破るのは、生き物に危害を加え、命を奪う行為に似ている。書物の中に広がるひとつの世界を破壊することだと言ってもいい。

▼都内の公立図書館などで『アンネの日記』や関連書籍が相次いで破られた事件では、計300冊以上が被害にあった。36歳の無職の男が書店への建造物侵入容疑で逮捕され、一連の事件にも関与している可能性が強まった。

▼それとは別に、都内の区立図書館の返却ポストにカレーライス入りの容器が投げ入れられる事件が数回発生。中にあった本50冊以上が廃棄処分された。こちらは61歳の男が現行犯逮捕されている。

▼なぜ、どんな心理で図書館の本を狙うのか。県内に30館以上ある公立図書館ではどうなのか。県図書館によれば『アンネの日記』に限らず、本を意図的に破損させたり汚したりする事例は県内では確認されていない。

▼びしょぬれの状態で返却ポストに入っていたり、汚れていたりすることは年間に数件ある。昨年春にはマナー向上のキャンペーンを行い、効果があったという。

▼ただし利用者が窮屈に感じて、使いにくくなるようなことは避けたいとする。閲覧や貸し出しは、あくまで利用者の善意が前提。えたいの知れない悪意を本にぶつけないでほしい。

——2014・3・16

住み慣れたわが家も、築30年となるといろいろな不具合が出てくる。閉まりにくくなった風呂場の扉、タンス内の壊れたハンガー掛け棒、トイレの窓の破れた網戸など。半端仕事ばかりで、どこに修繕を頼んでいいか分からない。

▼「便利屋」なる商売を知り、電話してみた。やって来たのは昭和の職人を思わせる風貌の70代の男性。電動ドライバーを操って器用に直してゆく。

▼意外にも営業職からの脱サラで、大工などの経験はないとのこと。周りから勧められ、この商売を始めて35年になるという。昔でいえば建て付けの悪い家具などを直してくれた指物師か。

▼記憶をたどり、昭和30年代の岐阜市北部を思い浮かべてみる。指物師だけでなく、さまざまな分野の職人の店や小売店が旧街道沿いに並んでいた。

▼「〇〇屋さん」と呼ばれる商売を営み、食べていけたのはいい時代だったか。コンビニやファストフード店、学習塾、葬祭場ばかりが並ぶ平成の今は味気ない。

▼支払いを済ませながらの世間話。「妻と自分の国民年金だけではやっていけない。まだ続けたい」という。どこで知ったか尋ねられ、ネット検索でホームページを見て、と答えた。同じく脱サラの娘夫婦が作成してくれたと、うれしそうだった。

—— 2014・3・23

「風と共に去りぬ」を超える国民的映画を作りたい―。ナチス・ドイツの宣伝大臣ゲッベルスは、自邸に招いた映画関係者らを前に宣言する。映画だけでなくすべての芸術とメディアを掌握する彼に気に入られようと、名優も一流監督も女優の卵も躍起になる。

▼三谷幸喜さん作・演出の群像劇「国民の映画」は、２０１１（平成23）年の初演直後に東日本大震災が発生し、混乱と余震の続く中で上演された作品。３年ぶりに全国で再演中で、先週末には愛知県刈谷市で公演があった。

▼物語の終盤でヨーロッパ中のユダヤ人をガス室に送って絶滅させる計画が明らかにされ、動揺する映画人たち。ユダヤ人迫害に対して見て見ぬふりをしてきたが、それでは済まなくなった。

▼世界大戦とホロコースト（大量虐殺）の狂気の時代が、21世紀の今に通じてしまうところが恐ろしい。短期間での再演に踏み切った意図も想像できる。

▼右傾化し嫌韓嫌中といわれる民族的憎悪の空気が広がる日本。安倍首相と親しいとされるＮＨＫの会長や経営委員、内閣法制局長官らの一連の言動は、この芝居の不出来な模倣のようにさえ感じられる。

▼私たちは知らず知らず重大な岐路に立たされていないか。そんなことまで考えさせられる舞台だった。

――２０１４・３・25

「ライク・ア・ローリング・ストーン」。直訳すれば「転がる石のように」。1960年代半ばにボブ・ディランが歌ったこの曲は、時代の転換期を象徴するロックの名曲として今も色あせていない。

▼英国のことわざに「転石苔《こけ》を生ぜず」という。職業や住居を変えてばかりいる人は、地位も財産もできないというのが本来の意味。転じて、活発な活動をしている人は時代に取り残されることがないとの意味でも用いられる（大辞泉）。

▼上流階級の女性の転落を歌ったディランの曲は前者だが、当時の若者は後者の意味でのメッセージとして受け止めていたのではないか。旧来の体制に対して変革の意思を持ち続けなければならない、と。

▼他にも「風に吹かれて」「天国への扉」「ハリケーン」など数々のヒット曲を放ち、時代の旗手だったディランも72歳。4年ぶり7回目の日本公演があす31日からスタートする。

▼「風に吹かれて」はこう問い掛ける。「どれだけ砲弾を打ち合えば　もうやめようと気付くのだろう」「いくつの耳を持てば人々の嘆きが聞こえるのだろう」。だが、その答えは今も風に吹かれたままだ。

▼名古屋公演は来月17、18日。ディランのメッセージを聴いてみよう。苔が生えないように。

——2014・3・30——

春は新しい生活へと踏み出す季節。学校でも職場でも、希望や期待に胸を膨らます一方で、不安や憂鬱《ゆううつ》を感じることもあるだろう。

▼木々が芽吹き、花を咲かせる明るさと輝きに満ちた季節に、人はなぜか愁いを感じる。気がめいるというほどではなくても、何とはなしにため息が出たりする。満開の桜に心をかき乱されるせいだろうか。

▼春愁という言葉がある。現代俳句では人気の高い季語だという。本紙の「ぎふグループ文芸」欄にも、先ごろこんな句が掲載されていた。「靴底に春愁踏みて野をすすむ」。山吹句会での安藤由美子さんの作。「春愁や冷えたる足を打ち重ね」。これは高浜虚子。

▼県内は明日から新学期を迎える学校が多い。新しいクラスメートたちとうまく交われるだろうか、友だちはできるだろうかと不安になるのはよく分かる。

▼筆者も高校生のころに経験がある。俳句ならぬポップスとともに思い出す。「太陽がくれた季節」や「愛するハーモニー」が大ヒットしていたが、その明るい歌詞やメロディーとは裏腹に心は晴れず、胃潰瘍になりかけた。

▼徐々に環境になじむことができ、自然治癒したのは幸いだった。少しだけ頑張れば、すぐに打ち解けられる。春宵一刻値千金。春を楽しもう。

—— 2014・4・6

昨日の「ぎふこの人」欄で紹介した岐阜市出身の映画監督神山征二郎さんは、自身の代表作を「ふるさと」(1983年公開)だという。

▼ダムに沈む揖斐郡徳山村(現揖斐川町)を舞台にしたこの作品は、モスクワ国際映画祭に出品され、観客から当時としては珍しいスタンディングオベーションを浴びた。グランプリ獲得は間違いないと思ったと、神山さんは振り返る。

▼結果は加藤嘉さんが主演男優賞を得たものの、グランプリはニカラグアの革命英雄を描いた作品に譲った。表彰式で審査委員長から、政治的事情なので悪く思うなと慰められたという。

▼全村水没で住み慣れたふるさとを去らねばならない不条理だけでなく、高齢者介護、親子関係などの問題が同時に描かれている。30年以上前の作品とは思えない。小津安二郎監督の名作「東京物語」のように、時代を超えた普遍性を獲得している。

▼公開後にVHSビデオが発売されたが廃盤となり、自主上映会などでしか鑑賞できない幻の映画となって久しかった。昨年12月にようやくDVDで復刻されて、茶の間でも見ることができるようになった。

▼この美しい季節、画面上に残された徳山の緑や清流がとりわけ目に染みる。多くの県民に見直してほしい。

――2014・4・13

好天に恵まれ、高山祭が幕を開けた。春らしい陽光を浴びながら、12基の屋台が町並みを巡行した。最も絵になるのは、宮川に架かる中橋を渡り、川面に映える場面か。

▼昨年秋からの改修工事で赤い欄干が塗り直され、いっそう色鮮やかになった。欄干の上部に取り付けられているのが、ネギの花のような形をした鋳物の擬宝珠《ぎぼし》。そのうち西端の二つが江戸中期に使われていたものに代えられた。

▼人気の落語家柳家喬太郎さんが発掘し復活させた演目に「擬宝珠」がある。思い悩んで元気のない商家の若旦那。幼なじみが理由を聞くと、金物をなめるのが好きで、近ごろは「擬宝珠がなめたい」のだという。

▼隅田川に架かる駒形橋や両国橋はなめ尽くし、残るは浅草寺の五重塔のてっぺんに付いているあれだ、と。大旦那に報告すると、「親子だなぁ」。意外な答えが返ってきて…。かなりマニアックな噺《はなし》だが、面白い。

▼古典落語には上方や江戸の庶民の生活感が息づく。落語の舞台を歩く、といった企画の本も数多く出されている。県内の身近なものとの縁や類似を探すのも楽しい。

▼古都高山に伝えられてきた江戸時代の擬宝珠をなめてみたら、どんな味がするのだろう。落語の下げの通り、緑青の味だろうか。

2014・4・15

『里山資本主義』（角川oneテーマ21新書）が売れ続けている。里山で休眠状態の資源を有効活用することなどで、過疎を逆手に取った地域再生が可能になる。既存のマネー資本主義と対立するのではなく、サブシステムとして用意するといった内容。

▼NHK広島放送局が制作した同名の番組がベース。3年前ベストセラーになった『デフレの正体』の著者藻谷浩介さんと取材班が共同で提唱する。

▼過疎高齢化の進む中山間地を多く抱える本県には、限界集落と呼ばれるほど深刻な地域も少なくない。間伐材を使ったバイオマス発電や小水力発電はすでに行われているが、産業として成り立てば希望が持てる。

▼従来の地域おこし、村おこしとはどう違うのか。ペレット燃料などの成功例も挙げられているが、早い者勝ちではなく、日本全国で行われても人々を豊かにできるのだろうか。

▼物々交換による触れ合いや、まきで炊いたご飯のおいしさなど、いわゆる田舎暮らしを手放しで礼賛する論調も気になる。都会から移住した人にとっては、狭い共同体の人間関係など煩わしい面もあるはずだ。

▼里山資本主義というネーミングで真新しさを出しているにすぎないとも考えられるが、刺激的な1冊とはいえるだろう。

—2014・4・20—

工場を見学すると、いつも同じような独特の感慨にとらわれる。空気中に入り交じる機械油や化学薬品などのにおい。ラインに沿って整然と動く機械のダイナミズム。ここがまさに、ものづくりの現場だと実感する。

▼おそらく長い時間をかけて合理化され、オートメーション化された無駄のない空間。「安全第一」を掲げ、要所要所に人が配置に付いている。

▼先ごろ相次いで見学した美濃市内の2工場もそうだった。工作用精密機器、商業用印刷機と分野は異なるが、共通するのは、ユーザーの希望通りにカスタマイズする点。無人化しないで人の手による部分も多いようだ。

▼数年前から続く工場見学ブーム。人はなぜ工場に引かれるのだろう。こちらは日曜大工、今風にいえばDIYは大の苦手。車のタイヤ交換もしたことがない。あくまでペン1本の商売。虚業とまでは言わないが、実業とも言い難い。技術職がうらやましい。

▼それでも時折、深夜の印刷棟に足が向く。印刷部員たちが配置に付き、ゴーサインが出される。うなりを上げながら輪転機が回り始める。

▼自分で書いた記事、レイアウトした紙面の載った朝刊を手にする。新しい紙とインキのにおい。ささやかだが、ものを作った実感がする瞬間だ。

2014・4・27

森羅万象を描いた江戸後期の浮世絵師・葛飾北斎に、日本各地の滝を描いた有名なシリーズがある。「諸国滝巡り」と呼ばれる全8枚の大判錦絵で、そのうち2枚に県内が描かれている。

▼孝子伝説で名高い「美濃ノ国　養老の滝」（養老郡養老町）と白山信仰の霊場「木曽路ノ奥　阿弥陀《あみだ》ケ滝」（郡上市）。3月まで名古屋・ボストン美術館に出展されていたが、先日、島根県立美術館であらためて見ることができた。

▼阿弥陀ケ滝は、怪物が手足を下に伸ばしたような異様な姿に描かれている。阿弥陀というより古木の精のようだ。滝の上部は球体の内部に波形が層を成すように見え、水の惑星である地球を思わせる。北斎の宇宙的発想に感嘆させせられた

▼実際の阿弥陀ケ滝は、白鳥から石徹白への道を折れた前谷にある大滝。60メートルの高さから流れ落ち、周囲の岩場には多数の石仏がある。

▼白山信仰は水との関わりが深い。山麓から流れ出た水は人々の暮らしを潤してきた。阿弥陀ケ滝はその象徴でもある。

▼白山への登山口にある石徹白は、半世紀で人口が約4分の1に減った過疎高齢化地域。住民らが農協を設立し、農業用水を利用した小水力発電の事業化に乗り出した。水による地域おこしの成功を祈りたい。

——2014・5・4

国立国会図書館が小木曽旭晃さんの著書をデジタル化するため、遺族の連絡先を探しているとの情報が入ってきた。これは朗報、記事にもなりそうだと飛び付いた。
▼小木曽さん（1882―1973年）は、明治から戦後の岐阜県を代表する新聞人で郷土文芸研究家。小学生のころ聴力を失い筆談で会話し情報収集した努力の人で、岐阜日日新聞（現岐阜新聞）の編集局長を長年勤めた大先輩でもある。
▼全国の地方文芸を網羅した『地方文芸史』、自叙伝の『逆境に苦闘して』など多くの著書がある。岐阜県図書館などで読めるが、館内閲覧に限られる場合もある。
▼京都にある国会図書館関西館の電子図書館課に電話取材すると、話が変わってきた。国会図書館の蔵書のうち約90万冊がすでにデジタル画像化され、そのうち著作権切れか絶版の約35万冊をネット公開済みだという。
▼小木曽さんの著書や関連書では14冊がすでにデジタル化されていた。今回はネット公開の了解を得るための連絡先探しだった。デジタル化の現状を知らなすぎた。
▼全国の公共図書館にデジタル化資料を配信するサービスが始まった。岐阜県図書館でも準備中で、国会図書館でしか閲覧できなかった図書や雑誌が読めるようになる。まさに朗報だ。

2014・5・6

「昔の夕空はもっと素晴らしいあかね色だった」。先輩記者が、映画「ALWAYS三丁目の夕日」のようなことを言った。昭和30年代、岐阜市南部から西の伊吹山方向を見渡してのことだという。

▼原発や農業、災害など自然科学を基礎とした諸問題に詳しい先輩だけに、情緒的な発言が意外に感じられた。どうやら思い出や郷愁は、色彩と強く関係しているようだ。

▼「昭和の広重」の異名をとる版画家・川瀬巴水《はすい》の人気が高まっている。日本各地を旅して、失われゆく日常風景を叙情的に描いた。空や水だけでなく夕暮れや宵闇を青の濃淡で表現し、「巴水ブルー」と称される。青にはあかね色がよく映える。

▼巴水が例えられる浮世絵の巨匠・歌川広重も「広重ブルー」と呼ばれる作品を多く残したが、趣を異にしている。広重が過去への感傷ではなく、自分の生きている今として江戸の風物を表現したからだろう。

▼昭和の高度成長期、四日市公害に象徴されるように、工場やコンビナートから排出される煙による大気汚染は人の健康を脅かした。空は今ほど澄んでいなかったはずだ。

▼大気中の不純物が多いほど夕焼けが美しいともいわれるが、あくまで俗説。歳月が人の記憶を美しく染めるのかもしれない。

――2014・5・11

美しい季節は長く続かない。野や山の若葉は濃さを増し、花はアヤメ、アジサイへと移る。大気中の湿り気が少しずつ増して、南から雨期の気配が迫りつつある。今のうちにウオーキングや街歩きを楽しもう

▼県都・岐阜市は中心市街地に緑が少ない。残念ながら東京23区内のように、江戸の名残の名所旧跡が至る所にあるわけでもない。それでも見どころはある。

▼ポケットに入れて出掛けるのにぴったりの新書が出た。『スキマの植物図鑑』（塚谷裕一著、中公新書）。アスファルトの割れ目、電柱の根元、ブロック塀の穴、石垣の隙間などから芽生えて花を咲かせる植物110種をカラーで紹介している。

▼今ならカタバミの仲間やヒメジョオン、キリなどの花を見つけられそう。窮屈な場所に根や茎や葉を伸ばして花を咲かせる姿はたくましいが、けなげでもある。庭の手入れをするときなど、思わず雑草を抜く手が止まってしまう。

▼きょう岐阜市では高橋尚子杯ぎふ清流ハーフマラソンが開催される。4回目となる今回は、約1万人が初夏の街を駆け抜ける。

▼懸命に走るランナーたちには、道端の草花を眺める余裕はないかもしれない。金華山の緑や長良川の清流など、変化に富むコースを楽しんでほしい。

――2014・5・18――

夜明けが日に日に早くなる。午前4時すぎに東の空が白み始め、すぐに明るくなる。目が覚める時間も早くなった。ともすれば暗いうちに起きてしまう。夜明け前が一番暗いというのは、本当かもしれない。

▼こんな新聞の見出しがあった。「暗夜に兆した薄明か」。ピカソの特集で、青の時代を言い表していた。記憶は曖昧だが1980年代の全国紙だった。

▼ほかにも当時の見出しを思い出す。ダムに沈む旧徳山村の新緑を取り上げた記事には「一木一草、心にしみる」。年の瀬に名古屋駅構内の壁際で眠るホームレスの写真に「仮寝の夢は故郷の春」。知ったふうなことを言い過ぎでは、と抵抗もあった。

▼名優松本白鸚《はくおう》さんの訃報には「大弁慶、静かに退場」。大横綱北の湖引退を報じる運動面の大見出しは「憎らしいほど強かった」。

▼他紙の見出しばかりなのは、半人前の整理記者として悔しかったからか。いずれも記事中にそのままの文言はなかったはず。余計な形容詞をそぎ落とした心憎い表現だ。

▼最近は弊紙他紙を問わず、琴線に触れる見出しが少なくなった。記事の要約ではつまらない。若者を中心に新聞離れが進んでいる今、その効果を再確認したい。言葉にはもっと人を引きつける力があるはずだ。

――2014・5・25

なぜ中国はかくも大国主義的な態度を取り続けるのか。大国主義とは、経済力や軍事力で優位に立つ国が小国に対して高圧的な態度を取ること。尖閣諸島をめぐる一件以来、日本人の対中感情は悪化したままだ。

▼南シナ海の西沙諸島周辺海域ではベトナムとの対立が深刻化している。国同士の見解が違うにもかかわらず一方的に石油採掘作業を始め、艦船で威嚇を続けることに道理があるだろうか。

▼県内の企業で働きながら学ぶベトナムの若者たちに話を聞く機会があった。ベトナム戦争で戦った米国に対して悪感情はなく、支援国だった中国を好きになれないという。

▼まず理由に挙げたのは、中国から入ってくる食品が粗悪なこと。利益優先で健康や命を考えていない、と。今回の対立では、ベトナムの主権を守らねばならないが、戦争だけは避けたいと口々に話した。思いは同じだ。

▼ただし、集団的自衛権をめぐる論議と期を同じくしている点には留意したい。「やはり集団的自衛権が必要」などと安易に結びつけず、冷静でいよう。

▼本社を先日訪れた程永華中国大使は「先人の努力を肝に銘じて、友好関係を続けたい」と語った。日中友好先駆けの地・岐阜での発言。単なる外交辞令ではないと信じたいのだが。

——2014・5・27

「ダービー馬のオーナーになるのは、一国の宰相になるより難しい」。英国首相だったチャーチルの言葉とされる。1780年に始まった英国のダービーには及ぶべくもないが、日本ダービーは今年81回を数える。

▼2011（平成23）年生まれの日本のサラブレッド7千余頭のうち、生涯一度の晴れ舞台に立てるのはわずか17頭。すべての競馬関係者、競馬ファンにとって今日は特別な日だ。

▼競馬は優勝劣敗。速い馬、優れた馬だけが子孫を残して血統をつなぐことができる。血のドラマ、ブラッドスポーツと言われる理由はそこにある。

▼近ごろは名種牡馬サンデーサイレンスの系統が、その最高傑作と称されるディープインパクトの子を頂点に日本の競馬を席巻する。生産界は両馬に関わってきた社台グループの寡占状態。中小だけでなく名門牧場も厳しい経営を迫られているようだ。

▼笠松のオグリキャップが中央競馬に殴り込みをかけたのは1988（昭和63）年。今と違い追加登録料を払ってクラシックレースに出走できる制度はなかった。ダービーには出られなかったが有馬記念など大レースを次々に制し、アイドルホースとなった。

▼新たな時代のオグリが現れ、中央の良血馬を蹴散らしてダービー馬となる。そんな日を夢見る。

――2014・6・1――

天安門事件の象徴として、戦車の前に進み出て立ちはだかる男性の映像が残されている。両手に鞄と紙袋のようなものを下げているのは、武器など持っていないことを示すためか。戦車も気押されるかのように止まり、男性をよけるように進路を変えた。

▼この男性が誰かは、25年を経た今も謎とされる。生き残って他国に逃れた当時の学生指導者や知識人も分からないという。

▼こうした無名の、そして多くの若者たちが抱いた中国民主化への希望は、人民解放軍の戦車によって蹂躙《じゅうりん》された。その後の政権は、事件をなかったものとする姿勢を変えていない。

▼習近平体制になってからの中国は、言論統制など抑圧的姿勢を強めている。外に向かっても東シナ海や南シナ海で、武力による現状変更の動きをあらわにする

▼むろん中国の国民を憎むわけにはいかない。民間外交の先進地である岐阜市の交流の歴史を再確認しよう。そして中国の現実にどう向き合うか。経済だけの付き合いでいいのか。重い課題だ。

▼香港での天安門事件追悼集会には十数万人が集まった。東京やニューヨークなど世界各地で抗議行動が行われた。中国政府がネットでの情報統制に血道を上げても、人の目や耳や口をふさぐことはできない。

2014・6・8

生花店経営者で岐阜市議の杉山利夫さん（60）は、ちょっとした時の人だ。NPO法人「ぎふ・コートジボワール」理事長として子どもたちに運動靴を贈る活動を続けてきたが、サッカーW杯で日本と同組に決まってから取材が殺到。同国との交流団体は全国唯一らしく、各メディアに登場している。

▼その杉山さんと隣同士で会食する機会があった。同国を訪れたときの写真を見せてもらいながら、これまでの活動やW杯について話が弾んだ。

▼初めて訪れたのは2008（平成20）年。子どもたちがサッカーボール代わりのココナツの実を裸足《はだし》で蹴っていた。NPOを設立し中高生らに呼び掛けて使わなくなった靴を集め、これまでに約3万足を贈った。

▼お礼に名誉村長の称号を贈られたという、子どもたちとの記念写真では民族衣装がよく似合っていた。どちらを応援するのかと尋ねると、「一緒に決勝トーナメントに行きたい」。「私の賞味期限も15日まで」と笑った。

▼ぎふチャンの「未来世紀ジパング」（テレビ東京制作）でもコートジボワールが紹介された。未来のドログバたちがリフティングに興じるボールには、「加納高校」と確かに書かれていた。

▼間もなくキックオフ。両国とも後の2戦を勝って、決勝でまた会おう。

——2014・6・15

『女には向かない職業』。英国女流作家P・D・ジェイムズのミステリー小説の題名だ。22歳の若さで探偵事務所を継ぐことになった女性が主人公。難事件解決に孤軍奮闘し、意外な真相にたどり着く。

▼新聞社の記者職も、30年ほど前まではほとんどが男性だった。まさに、女性には向かない職業だと考えられていた。警察担当として事件事故を取材をしたり、地方支局を任せられる今とは隔世の感がある。

▼弊社は厚生労働省の取り組みに賛同し「女性の活躍推進宣言」を行った。新聞社で全国3社目、県内企業では本年度第1号。女性の働く場の拡大などを進めていく。

▼現在は女性の約7割が取材記者、整理記者として勤務。他部局の女性社員らとともに「岐阜新聞女子net」を立ち上げ、女性読者に向けての企画やイベントに取り組んでいる。

▼東海地方は女性の管理職が少ない。製造業が多いことが理由に挙げられるが、家庭に入って子育てに専念するものだという考え方も根強い。

▼京都大学副学長の稲葉カヨさん(養老郡養老町出身)は、女性が研究生活を続けるために大切なのは「家事や育児を分担してくれる男性を夫に選ぶこと」だという。男性の側の意識改革が必要なのは、どんな分野でも同じだろう。

——2014・6・17

石原伸晃環境相の「最後は金目でしょ」発言に続いて、東京都議会での卑劣なやじ。一般質問に立った女性議員に「早く結婚しろ」「産めないのか」などと、自民党席付近の複数の男性議員から声が飛んだ。

▼福島第1原発事故の処理に苦しむ福島の人々や、不妊などに悩む女性に対してよく言えたものだ。石原環境相は衆院東京8区選出。こんな代議士や都議で、2020年東京五輪の「おもてなし」は大丈夫か。

▼県選出の衆院議員を長く務めた故大野伴睦自民党副総裁が、大正期の東京市会議員を振り出しに政界入りしたのは、今では知る人も少ない。党人政治家で毀誉《きよ》褒貶《ほうへん》はあったが、義理人情に厚く、逸話には事欠かない。

▼自宅に入った泥棒に金を渡して、「もっといるのか」と聞いた。泥棒は「一生懸命働いて必ず返します」と約束したという。金目発言大臣とは器の違いを感じさせる。

▼まだ総理大臣を出していない岐阜では、その座に最も近づいた。当時の岸信介首相から禅譲を約束されたが反故《ほご》にされた。岸元首相は安倍晋三現首相の母方の祖父にあたる。

▼伴睦さんの名言。「猿は木から落ちても猿だが、代議士は選挙に落ちればただの人だ」。失言暴言議員たちには、選挙民が審判を下すしかない。

——2014・6・22——

さて問題です。これは誰の言葉でしょう。「私は金《かね》に対して人類を疑ったけれど、愛に対しては、まだ人類を疑わなかったのです」

▼答えは夏目漱石。代表作『こころ』の一節。漱石の作品が今も読まれているのは、現代人も抱える普遍的なテーマを扱っているからだろう。冒頭の文章も大正初期に書かれたとは思えず、古びていない。

▼この季節、『こころ』より5年前の作品『それから』に、「岐阜出来の絵日傘」が登場するのを思い出す。園遊会で美しい英国人女性が差していて、もう夏が来たという感じの青空に映えている。

▼漱石の作品には、他にも岐阜が見つけられる。『彼岸過迄』に「岐阜提灯《ちょうちん》」、『虞《ぐ》美人草』には「岐阜の柿羊羹《ようかん》」が出てくる。柿羊羹に続いて「味噌松風」とあるが、岐阜のものかはっきりしない。

▼漱石がこれらの名産を知っていたのは、門下生に岐阜市出身の森田草平がいたからか。もう1人、岐阜訓盲院（現県立岐阜盲学校）を創設した森巻耳《けんじ》の長男巻吉も門下生だった。

▼今年は『こころ』が朝日新聞に連載されて百年。当時のレイアウトで再連載され話題となっている。百年後の世の中は、愛に対しても人類を疑いたくなることばかりだが、漱石を読み返して心の糧としよう。

――2014・6・29

W杯サッカーが大詰めを迎えようとしている。この新聞が読まれるころには、ベスト4が決まっているだろう。4年に1度のビッグイベントにどこか夢中になれないのは、日本が早々と姿を消したせいではない。世界各地で民族紛争や国家間の武力衝突が絶えない現実があるからだ。
▼イラク、シリア、ウクライナ。中国の新疆ウイグル自治区。ピッチ上の戦いではなく、実際の戦闘やテロによって多くの血が流されている。
▼W杯の躍動感やスタンドの華やかさとは裏腹に、心が曇る。スポーツの世界に政治を持ち込んではならない。それは分かっているのだが。
▼そして集団的自衛権の行使容認が拍車を掛ける。戦後日本の平和主義は、憲法解釈変更の閣議決定によって歴史的転換を迫られている。自衛隊は紛争地域や戦争地域に送られ、他国との戦闘に巻き込まれる恐れがある。
▼今後、若者の自衛隊志望者が減るのは確実だろう。それは当然のことだ。自衛官が減少すれば、その先に待つのは…。さらに憂いは深くなる。
▼W杯が終わっても男女全英オープンゴルフやプロ野球オールスター戦などが続く。県内でも甲子園を目指す高校野球岐阜大会が始まった。心の底からスポーツを楽しめる世の中であってほしい。

――2014・7・6

久しぶりに柳家右太楼さんの落語をたっぷり聴いた。右太楼さんは落語協会所属の二つ目で岐阜市長森出身の37歳。「らくごライブ」と題した独演会が市内で年3回開かれ、今回で26回目。会場の岐阜市文化センター和室は地元ファンらで埋まった。

▼会を仕切ってきたのは「柳家右太楼を育てる会」会長で市内在住の村井清美さん。愛知大学落語研究会の1期生で、30期生の右太楼さんは「息子のようなもの」と目を細める。運営に気を配り、ビデオ撮影もこなす。

▼右太楼さんは現在、二つ目の序列9番目。2年前、すぐ下にいた春風亭一之輔さんが真打ちに大抜擢《ばってき》され、抜かれてしまった。

▼柳家小三治協会前会長のもとで、真打ち昇進は狭き門となっていた。若い柳亭市馬さんが会長を継いだことで変化があるかもしれない。

▼「本人は悔しかったはず」と村井さん。それでも「変な笑いに走らず、王道を行っている」と評価する。確かに明るく真っすぐな芸風だ。「ざるや」「禁酒番屋」を続けて演じて、観客を飽きさせない。

▼中入り後の「蒟蒻《こんにゃく》問答」では、昔聴いたという故古今亭志ん朝さんと同じ黒装束で登場。堂々とした高座で、三遊亭歌武蔵さん、三遊亭楽市さんに続く岐阜市出身真打ちも近いと予感させた。

――2014・7・8

国の威信をかけたサッカーW杯の熱戦のせいもあってか、昔覚えたドイツの劇作家ブレヒトの名言を思い出した。「英雄のいない国が不幸なのではない。英雄を必要とする国が不幸なのだ」。今の日本には、誰もが憧れる英雄、言い換えればヒーローやヒロインが見当たらない。

▼今年前半、つかの間の輝きを放ったのは理化学研究所の小保方晴子さんだった。「STAP細胞は、ありました!」。検証実験で世紀の大逆転を期待したいが、詮ないことか。

▼子どもたちなら誰を挙げるだろう。W杯で本田や香川は期待に応えられなかった。大リーグのイチローは盛りを過ぎ、大相撲はモンゴル出身力士の天下。芸能界にもスーパースターはいない。

▼県内に目を転じてみよう。シドニー五輪女子マラソンの金メダリスト高橋尚子さんを超える存在は、なかなか出ない。2020年東京五輪に向けて、新たなスターの誕生を待ちたいところだ。

▼冒頭のブレヒトの言葉は1930年代末、ヒトラー率いるナチス・ドイツが台頭する時代に書かれた。英雄になりたがる権力者は、しばしば恐るべき独裁者となる。歴史はそう教えている。

▼さて、今私たちは不幸なのかどうか。英雄はスポーツや文化、学術などの分野だけでいい。

――2014・7・13

プロ野球オールスター第2戦が行われた甲子園球場は、言うまでもなく高校野球の聖地。外野スタンド内部に甲子園歴史館がある。高校野球や阪神タイガースの歩みを映像や写真、選手が使った用具などの展示品で振り返る。名勝負や名シーンが再現され、野球ファンなら時を忘れて見入ることだろう。

▼高校野球ゾーンには戦前の岐阜商黄金期のエース松井栄造投手が紹介されている。春2回夏1回の全国制覇に貢献し戦場に散った名投手を、優勝メダルなど遺品とともにしのぶ。

▼バックスクリーン裏通路の壁には、1983(昭和58)年までスコアボードに使われていた手書きの選手名板が並ぶ。真弓、北村、バース、掛布、岡田…。反対側には阪神の対戦相手の各球団選手。その中の1枚に「津田」とある。

▼気迫あふれる投球で「炎のストッパー」と呼ばれた広島カープの津田恒実投手は、脳腫瘍に侵され32歳の若さで亡くなった。きょう7月20日は21回目の命日にあたる。

▼一人息子の大毅さんが、父の背番号14を付けて始球式のマウンドに立ったのを今でも覚えている。大学まで野球を続けたが度重なる故障に苦しみ、現在は会社員の道を歩んでいるという。

▼野球を続けられること、野球を観戦できることの幸せを思う。

――2014・7・20――

高校球児のあこがれの地・阪神甲子園球場が開場したのは1924（大正13）年8月1日。まもなく90周年の記念日を迎える。球児の汗と涙が染み込むグラウンドでは、数々の名勝負が繰り広げられてきた。

▼人々の記憶に残るゲームとしてまず挙がるのは、1979（昭和54）年夏の箕島―星稜戦か。相手一塁手のファウルフライ落球後の同点本塁打など奇跡を2度起こした箕島が、延長18回の末に星稜を破った。

▼1996（平成8）年夏決勝は熊本工のサヨナラ勝ちかと思われたが、代わったばかりの松山商右翼手が大飛球を奇跡のバックホーム。1998（平成10）年夏には松坂投手を擁する横浜が、延長で2度追い付いたPL学園を振り切った。

▼記憶に新しいのは、2006（平成18）年夏決勝。早実・斎藤、駒大苫小牧・田中両投手が2日間にわたり投げ合った。

▼県勢では1970（昭和45）年の岐阜短大付（現岐阜第一）が忘れられない。湯口投手の力投で春8強、夏4強に進出。夏準々決勝では阪口監督（現大垣日大）率いる東邦から14奪三振。準決勝の東海大相模戦では9回裏に犠飛を許して涙をのんだ。

▼今夏、甲子園切符を手にしたのは大垣日大。大垣勢3校が8強に入り、都市対抗では西濃運輸が快進撃。昨夜の大垣花火大会は祝砲のように響いた。大垣日大の活躍が楽しみだ。

――2014・7・27

飛蝗と書いてひこうと読む。ごく普通のトノサマバッタの仲間だが、生息密度が高くなると突然凶暴な性質を帯びる。大群を成して広大な面積の植物を食べ尽くし、飛び去る。最近、飛蝗ならぬ人間の世界は禍々《まがまが》しく変化したように思われる。

▼ウクライナに出現したのは親ロシア派武装組織。ロシアの支援を受けて戦闘を続け、マレーシア航空の旅客機撃墜への関与が確実視される。イラクにはスンニ派過激派組織が台頭、シーア派寄りの政権を脅かす。

▼パレスチナ暫定自治区のガザにはイスラエル軍が侵攻。市街地に激しい攻撃を加え、子どもを含む住民多数が犠牲になっている。

▼日本にとってひとごとではない。昨年11月、中国は尖閣諸島を含む一帯に防空識別圏を設定すると一方的に宣言。日中関係は一段と悪化した。習近平体制下の中国は、国内外に対して強権的姿勢を強める。

▼マレーシア機撃墜と同じ日、安倍政権は武器輸出三原則撤廃後の新原則に基づき、地対空ミサイル部品の対米輸出を認めた。防衛省は米からイスラエルに供給される可能性を否定しない。紛争地域での使用もあり得る。

▼山紫水明の岐阜にいる私たちは、敵意や憎悪に満ちた世界情勢に鈍感になっていないか。日本の針路が心配だ。

——2014・7・29——

3月の旅客機不明に続きウクライナ東部での旅客機撃墜と、相次いで不幸な事件に見舞われたマレーシアだが、本来は年率5％の経済成長を続ける「東南アジアの優等生」国家だ。作家の江上剛さんが各国を取材した『負けない日本企業　アジアで見つけた復活の鍵』（講談社）には、7カ国の最初に登場する。

▼今日の繁栄をもたらしたのはマハティール元首相。1981年から2003年まで22年間在任し、日本に見習う「ルック・イースト政策」をとり続けた。

▼元首相に話を聞いた江上さんは、イスラムという新しい視点を与えられたという。ハラルと呼ばれる戒律に従った食品処理は、広大なイスラム圏を市場にしたビジネスの可能性を秘める。

▼県内でも最近、ハラルに関する取り組みが始まっている。ただしイスラム圏からの観光客誘致に重点が置かれ、こちらから打って出ようとの方向性は弱いようだ。

▼『負けない日本企業』には、タイで発電事業を推進する中部電力が登場する。他にも各国で奮闘するビジネスマンを紹介し、アジアにおける可能性を提示する。

▼各国は最終章に登場する中国を極めて重視している。「迷惑な巨人」とどう付き合うか。日本を含めて今後も考えていかざるを得ないようだ。

――2014・8・3

この企画をよくぞ提案した、よくぞ通したと感心した。関市小屋名の岐阜県博物館で開催されている「奇なるものへの挑戦　明治大正／異端の科学」展。こっくりさん、妖怪、催眠術、千里眼、念写など怪しげなものが続々登場する。

▼近代化が急速に進んだ明治・大正期。一方で科学では説明できない超常現象への関心も高かった。昔の漫画のせりふではないが、光あるところに影がある。その影の部分にこそ当時の人々の心情が色濃く投影されていそうだ。

▼透視・念写研究で知られ東大博士の座を追われた福来友吉、精神療法でカリスマ的存在だった田中守平、念写実験を主催した日本画家の野原櫻《おう》州。各分野で県出身者が活躍した。

▼弊紙で連載した「ぎふ快人伝」は、その3人をそれぞれ特集している。官製の正史に登場しなくても、確かな足跡を残した人々にスポットを当てる狙いだった。

▼展示会では他に霊気療法の臼井甕《みか》男、姓名学の熊崎健翁らを紹介。ブームとなった口裂け女やツチノコも取り上げている。会場を訪れた夏休み中の子どもたちは、どう感じただろう。

▼日本三大奇書に挙げられる夢野久作『ドグラ・マグラ』の草稿が展示されているのにも驚かされた。展示会の目玉の一つだ。31日まで開催。

――2014・8・12

このところ地方議員の愚かしい行為が後を絶たない。女性議員にセクハラ的やじを飛ばした東京都議に始まり、会見で政務活動費の使途を問われて号泣した元兵庫県議。妻同伴で九州の観光地に出張したベテラン同県議が続いた。

▼そして無料通信アプリLINE（ライン）で女子中学生らとトラブルになり、威圧的なメッセージを送った大阪府議。もはや何をかいわんや、である。議員の質の劣化と言ってしまえばそれまでだが、よく選ばれたものだ。

▼自民独り勝ち状態で野党の存在感が薄く、論議低調な国政だが、地方には地方の重要課題が山積しているのは言うまでもない。議員を選ぶ側も緊張感を欠いていなかったか。

▼昭和30年代前半、武藤嘉門知事と山田丈夫本社社長（いずれも当時）の対談で、武藤知事が面白いことを言っている。「まあ全部が悪いというわけではないが、政治家もタチがよくない。一番ええやつは出ないし、二番目にええやつは当選せん。当選するのは三番目じゃよ」。

▼戦後混乱期から88歳まで3期務め、健全財政を推し進めて名知事と慕われた武藤知事。半世紀以上を経た今日でも、言い得て妙と思えてしまう。

▼来年春には4年に1度の統一地方選挙が行われる。心して選びたい。

――2014・8・17

昭和30年代に県内で発行されていた「岐阜民友新聞」を知る人は、もはや多くないだろう。政争に絡んで本紙（当時は岐阜日日新聞）から分かれて創刊されたが、2年余りで結局本紙が吸収した。

▼幻の新聞というべき民友に「郷土部隊奮戦記」と題する企画が長期連載されていた。郷土部隊とは岐阜市長森に置かれていた歩兵第68連隊。中国戦線に従軍した経験者の証言を丹念に集めて記録している。

▼そのスクラップや取材メモを、本社OBで郷土史家の故道下淳さんが保存していた。道下さんは民友の記者として執筆を担当。妻郁子さんが資料や蔵書の整理中に見つけた。後に出版されたとの話もあるが確認できない。

▼戦後69年。戦争体験者は少なくなるばかり。貴重な証言を満載したこの企画を、何らかの形で再び世に出せないだろうか。来年の戦後70年に向けての宿題としたい。

▼他にも本紙をPRする小冊子のバックナンバーがそろっていたのには驚いた。本社には保存されておらず、年輩社員らに聞いたが誰も覚えていない。おそらく現存するのはこれだけだろう。

▼当時の世相や新聞をめぐる状況が分かって面白い。誰も残しておこうと思わないものにこそ価値がある。保存してもらったことに感謝したい。

――2014・8・19

「ぱんぱん」という料理をご存じか。畑に残った小粒のジャガイモを集め、じっくり時間をかけて甘辛く煮込む。知っているのは、ダムに沈んだ揖斐郡旧徳山村（現揖斐川町）にゆかりの人だろう。

▼徳山で約20年間暮らし、現在は本巣郡北方町在住の大牧フサヱさんが『フサヱさんのおいしい田舎料理』という本を出した。「アザミの煮物」「キクラゲのいり煮」のような郷土色豊かなものだけでなく、一般的な家庭料理まで27品。イラスト入りのレシピが楽しい。

▼「ぱんぱん」は家族に一番人気のおかずだという。徳山の郷土料理の代表格の「地獄うどん」が、「じごう」と呼ばれていたのも初めて知った。

▼村の暮らしをつづったコラムも随所に盛り込まれている。徳山での失われた日常だけでなく、私たちが無くしがちな一家だんらん風景も思い起こされる。

▼フサヱさんは岐阜市にあった紡績工場に勤めながら学び、冨士夫さん（現在は作家、郷土史家）と知り合い結婚。やがて夫の故郷の徳山に戻った。巻末のインタビューでは、ダム建設に揺れた村内でのやりとりや人間関係の苦労話も語られる。

▼田舎暮らしに憧れる人は多いが、決して甘いものではないことがよく分かる。編集グループSURE（京都市）刊。

——２０１４・８・24

「もう秋か」。フランスの詩人ランボーの詩の冒頭をつぶやいてみる。天候不順なまま夏が終わろうとしている。8月も今日限り。梅雨明けの太陽に照らされ、クマゼミの争鳴を聞きながら、この夏こそはと立てた目標は達成できただろうか。

▼振り返ればいいことが少なかった今年前半。中東やウクライナの紛争泥沼化。旅客船や航空機の事故。集団的自衛権行使容認など右傾化が進む国内。そして豪雨被害。挙げればきりがない。

▼9月になれば、3日に予定される内閣改造に続き、北朝鮮による拉致被害者の第1回再調査結果が伝達される。現時点では上旬から中旬になりそうだ。

▼県関係で拉致の可能性のある特定失踪者は7人。かの国は、今度こそ包み隠すことなく事実を明らかにするだろうか。長い歳月、再会を待ち続けた人々とともに、息をのんで見守りたい。

▼ランボーの詩は、こう続く。「それにしても、何故に永遠の太陽を惜しむのか。俺たちはきよらかな光の発見に心ざす身ではないのか。季節の上に死滅する人々からは遠く離れて」(「別れ」、小林秀雄訳)。秋の憂いにふさぎがちな私たちの心を鼓舞してくれそうだ。

▼秋は実りの季節でもある。きよらかな光を浴びての、豊かな果実を期待しよう。

―2014・8・31―

演技の質の高さと、飛ぶおひねりの量に圧倒された。先月末催された瑞浪市の芝居小屋「相生座」の納涼歌舞伎公演。ゴルフ場の日吉ハイランド倶楽部に併設され、従業員らでつくる「美濃歌舞伎保存会」が運営に当たる。

▼かつて下呂市にあった相生座に、名古屋から恵那市に移築されていた明治期の芝居小屋「常盤座」の舞台部分を合体。1976（昭和51）年にオープンした。演技は振付師の故松本団升さんの指導を受け、江戸期の型を今に残す。

▼今年の演目は「源平魁《さきがけ》躑躅《つつじ》　扇屋熊谷」と「神霊矢口渡　頓兵衛住家の段」。歌舞伎通の友人によれば、どちらも松竹大歌舞伎ではめったに演じられないという。

▼出色は「神霊矢口渡」。人形浄瑠璃の動きに似せた珍しい人形振《ぶり》が間に挟まれ、2階まで満員の観衆を飽きさせない。地元の名士らと岐阜まち若旦那会も一幕ずつ披露し、喝采を浴びた。

▼岐阜は歌舞伎、文楽など地芝居の宝庫とされる。地歌舞伎は東濃を中心に30近い地区で上演され、子供歌舞伎の数は全国でも群を抜いて多い。

▼後継者難や資金不足もあるだろうが、この質と熱気はどう保たれているのだろう。秋に県内各地で上演される地歌舞伎はどうだろうか。大歌舞伎との違いは。楽しみが増えた。

――2014・9・7――

現在の中津川市付知町に生まれた洋画家・熊谷守一は、1977（昭和52）年に97歳で亡くなるまでの約45年間、東京・豊島区に建てた自宅で過ごした。晩年は草木生い茂る庭にやってくる虫や鳥、猫などを描くことが多かった。

▼1985（昭和60）年に次女の榧《かや》さんが美術館に改装。2007（平成19）年に所蔵作品153点を区に寄贈し、区立熊谷守一美術館として現在に至っている。

▼県美術館の「熊谷守一展　守一のいる場所」開幕の数日前に、同館を訪ねた。池袋から一駅の要町に降り立ち、歩くこと10分足らず。「守一のいた場所」は、閑静な住宅街にあった。

▼区立になる以前から榧さんの元で携わってきた2人の女性館員は、モリカズ芸術の魅力を熱っぽく語ってくれた。他に類のない表現。絵の前では笑顔になれる。見た後、実際の自然や静物の中に守一の絵をつい探してしまう、と。

▼晩年の作品は余分なものをそぎ落とし、大人の成熟の極みだという。「ヘタウマ」と評されるのは心外のようだ。最晩年の「日輪」については、太陽は直視できないはず。自画像ではないか、とも。

▼訪れる人ごとに「これほど多くの作品が集まるのは初めて。岐阜にぜひ」と勧めてくれているという。そのかいあって岐阜県美術館は連日大にぎわいだ。

—2014・9・9

シャコーグレイドという元競走馬を覚えているのは、よほど年季の入った競馬ファンだけだろう。今夏公開の映画「超高速！参勤交代」に〝出演〟し、ファンの間で話題を呼んだ。

▼話は昭和にさかのぼる。詩人で劇作家の故寺山修司さんが夢中になった馬がいた。ミスターシービー。天衣無縫な走り方で19年ぶりの三冠馬に輝いた。

▼寺山さんは一冠目の皐月賞を見届けた後、急逝。その翌年に皇帝と称されたシンボリルドルフが圧倒的な強さで三冠馬となり、シービーとの対決でも3戦全勝。シービーの栄光はやや色あせた。

▼さらに数年後の皐月賞。断然人気はルドルフの子トウカイテイオー。ゴール前ただ1頭追ってきたのは、18頭中16番人気のシービーの子シャコーグレイドだった。

▼その後も名脇役的存在だったが、いつしか彼の名も忘れられた。優れた競走馬は牧場に帰って種牡馬や繁殖牝馬になれるが、多くの馬は人知れず消えてゆく。長い時を経て、彼がふいに再び世に現れたのには驚いた。

▼人間なら80代の26歳。郡上市の「ひるがの高原　牧歌の里」で、乗馬として余生を過ごしていると知ってさらに驚いた。全国からファンが会いに来るという。ぜひ行ってみよう。紡がれてきた思い出のためにも。

―2014・9・14―

揚げ足を取るなと言われそうだが、「女性活躍担当大臣」とは語呂が悪くないか。第2次安倍改造内閣の目玉として新設されたポストで、任命されたのは有村治子氏。近年定着してきた「男女共同参画」の担当も兼務する。
▼男女共同参画基本法が定められたのは1999(平成11)年。ポジティブ・アクションなど、さまざまな取り組みが進められてきた。「女性活躍」との使い分けは不明瞭だ。
▼安倍政権は、女性の社会進出をアベノミクス成長戦略の重要課題と位置付ける。指導的地位に女性が占める割合を増やす「2020年30%」の目標を掲げる。
▼企業の女性管理職の割合は、総務省の2013年労働力調査で11・2%。先進諸国の中で群を抜いて低い。30%に押し上げるのは容易ではないだろう。
▼岐阜県はとりわけ女性管理職の割合が低い。民間調査では女性社長の比率は全国最下位。「製造業や建設業が多いから」との理由で片付けていいものか。
▼先日、村木厚子厚生労働事務次官の講演を聞いた。「女性管理職を増やせば、量は必ず質に転化する」。「昇進を打診されたら遠慮せず受けてほしい」とも。ただし霞が関で課長以上の女性は3%未満だという。政権の人気取りに終わらないためにも、まず行政が率先垂範を。

—— 2014・9・21 ——

今回も噴火の報に不意を突かれた。岐阜・長野両県にまたがり、古くから信仰の山として知られてきた御嶽山。死火山または休火山と考えられてきたが、1968（昭和43）年から噴気活動が始まり、1979年10月28日に突然大噴火した。
▼当時の本紙は「霊峰御嶽山が噴火／有史以来初の活動」と1面トップで報じている。6合目の濁河温泉では宿泊客ら100人が緊急に下山。長野県側の旧開田村では養殖魚や高原野菜が降灰被害を受けた。人的被害がなかったのは幸いだった。
▼山麓に位置する高山市高根の留之原や日和田に住む知人に電話で聞いた。雲に隠され噴煙そのものは見えないが、白い灰が降り硫黄臭もするという。長野県側から来た車は車体が真っ白になっている、とも。
▼火山災害で忘れられないのは、1991（平成3）年に長崎・雲仙普賢岳で発生した火砕流による被害。報道関係者、学者、消防団員ら43人が犠牲になった。
▼報道や防災の在り方を見直す契機となる大惨事だった。御嶽山周辺には本社記者を含め、多数の取材陣が展開している。二次災害にはくれぐれも留意したい。
▼今回は好天の週末とあって、多くの登山客が入山していた。山中に残された人々は不安な夜を過ごしたことだろう。とにかく無事でと祈りたい。

―2014・9・28―

戦後最悪の火山災害となった御嶽山の噴火から1週間が過ぎた。感情的な物言いは抑えねばならないが、大きな災害が起きるたびに思う。人の力で防ぎようはなかったのか、と。

▼8月に広島市で起きた豪雨災害では、住宅の密集する山裾の傾斜地が土石流の通り道となった。そんな場所に宅地開発を認めた行政の判断は適切だったのだろうか。

▼御嶽山では9月に入り山頂付近で火山性の微小地震が増加。気象庁は地元自治体などに情報提供していた。震源が浅くなるなど危険な兆候は見られず、回数も減ったことから、5段階の警戒レベルを1から引き上げるには至らなかった。

▼火山噴火予知連絡会の藤井敏嗣会長は「われわれの予知レベルはそんなもの」と自嘲気味に語った。確かに、自然界でこれから起きることを全て予知できるはずはない。ただ言えるのは、今回の犠牲者で山頂で起きていた変化について知っていた人はおそらくいなかったということだ。

▼情報は伝わっていなかった。この高度情報化社会において、である。そのことを問題視すべきだ。

▼南海上から台風18号が迫っている。御嶽山では、降り積もった火山灰が土石流を引き起こしかねない。新たな災害が起きないよう万全を尽くしてほしい。

――2014・10・5

列島を脅かした強い台風18号は、スピードを上げて東海上に去った。県内は一時暴風域に入り、河川の増水や土砂災害も懸念された。大きな被害がなかったのは幸いだった。

▼なかなか落ち着いて秋を楽しめない。季節にせかされるように感じるのは、年齢のせいだと思ってきた。それを割り引いても、今年の秋は足が速い。覚悟していた残暑は一向に厳しくならないまま、朝晩の肌寒さが日ごとに増してきた。

▼身の回りの移ろいを確かめてみよう。空気が澄んで遠くの山々が見渡せるようになった。岐阜市南部からは北東のかなたに御嶽山。噴火で多くの登山客が犠牲になったのがうそのように山容を見せる。

▼わずかに夏の名残をとどめるのはツクツクボウシ。コオロギやカンタン、カネタタキなど秋の虫たちが今を盛りに鳴き競う。野の花はヒガンバナがとうに色あせ、ヨメナやコスモスなどキクの仲間へと移った。

▼秋は夜長。帰宅の足を止めて夜空を見上げれば、夏の大三角は西に傾き、ペガススの四辺形が昇ってくる。にぎやかな夏とは違い、1等星の少ない秋の星空は寂しく、もの悲しい。

▼10月を「たそがれの国」と呼んだのは、SFの叙情詩人と称されるレイ・ブラッドベリ。感傷に浸る余裕がほしい。

――2014・10・7――

島根が脚光を浴びている。出雲大社で昨年、60年ぶりの社殿建て替えが行われ、パワースポットや良縁を求める若い女性ら観光客でにぎわった。同大社では先ごろ、高円宮家の次女典子さまと権宮司千家国麿さんが結婚式を挙げた。

▼全米テニス準優勝の錦織圭選手は県庁所在地の松江市出身。がい旋帰国直後に「食べたい」と言った高級魚ノドグロは山陰の特産。県内の鮮魚店などに問い合わせが殺到し、うれしい悲鳴を上げているという。

▼これまでは高齢化率や自殺率の高さなど、ネガティブな印象が強かった。今後は隣の鳥取と間違われたり、松江が松山と混同されることは少なくなりそうだ。

▼松江には何度も訪れたが、見どころは多い。茶人松平不昧《ふまい》公の居城だった松江城と周囲に巡らされた堀川、穏やかに水をたたえる宍道湖《しんじこ》、湖に沈む夕日を借景にした県立美術館、小泉八雲旧居など、それぞれに趣がある。観光コースが充実し、周遊バスも整備されている。

▼追い風はどうしたら岐阜にも吹くか。安倍内閣の掲げる「地方創生」がどう具体化されるか明らかではないが、岐阜としては島根の事例を分析してはどうか。

▼今月は全国やおよろずの神々が出雲に集まる神無月。神ならぬ人の身としても再訪したい。

2014・10・12

新聞を開けば、世界中の明るい話題も暗い出来事もぎっしり詰まっている。澄みわたる秋空とは裏腹に、このところ底知れぬ暗さを感じるニュースが報じられている。▼西アフリカで流行するエボラ出血熱。致死率60％とも70％ともいわれ、死者は4千人を超えたが、治療法は見つかっていない。米国やスペインでも二次感染者が出るなど、とどまるところを知らない。▼シリアやイラクでは「イスラム国」の攻勢が続く。不気味な黒ずくめの服と旗。人質の民間人の首を切って殺害し、奴隷制復活を宣言して少数派教徒の女性や子供を人身売買するなど蛮行の限りを尽くす。米軍の空爆も効果がない。▼エボラもイスラム国も、文明社会への究極の挑戦のように思えてならない。いずれも有効な対応策が見いだせないところに、人間社会全体の危うさがある。オセロゲームのように、突然世界が黒一色に変わってしまわないか。▼日本では特定秘密保護法の12月10日施行が閣議決定された。報道の自由や知る権利が侵されかねないと、多くの新聞が懸念を表明しているが、賛意を示す社もある。▼決定翌日の新聞大会では新聞の信頼回復に努めることなどを決議したが、同法には触れなかった。後で悔やむことがなければいいが。

――2014・10・19

柳ケ瀬の老舗バー「二番館」が今月末で店を閉める。名物マスターだった三浦嶋太郎さんが亡くなって11年、店を続けてきた妻さよみさんは「体が言うことを聞かなくなった」と未練をのぞかせる。

▼新入社員だった35年ほど前、初めて先輩記者に連れて行かれたのがこの店だった。クラッシュした氷に注いだウイスキーやスタイリッシュなカクテル。マスターと客の気の置けないやりとり。大人の世界を垣間見た気がした。

▼周辺の小料理屋やバーも次々に閉店し、界隈《かいわい》で続いているのはこの店だけだった。温和な中に眼光の鋭さをのぞかせた先輩記者は早くに亡くなり、ご子息が気鋭の画家として活躍している。時の流れは速い。

▼柳ケ瀬の商店街の担い手たちも世代交代が進む。中心部の日ノ出町商店街では、アーケードをリニューアルし明るい雰囲気に生まれ変わった。柳ケ瀬は過去の盛り場ではないと感じさせる。

▼本紙連載をまとめた三浦さんの著書『酒あれこれ』に、バーテンダーについてのくだりがある。「人生最後の話し相手でなくてはならない」。

▼二番館のバーテンダーとして腕を磨いた人たちが開いた店を何軒か知っている。三浦さんのDNAは生き続ける。人生最後の話し相手を見つけに行こう。

──2014・10・26

「地方の時代」が提唱されたのはいつのことだっただろう。確か1970年代、中央集権の行財政システムに対抗して、改革派知事らによって掲げられたと記憶している。結局、そんな時代は来なかった。

▼「首都機能移転」というのもあった。「東京から東濃へ」と書かれた立て看板は、今もどこかに残っているだろうか。近ごろでは県出身タレントの自虐ネタにされる始末だ。

▼都道府県制に代わって全国をいくつかの道や州に分ける道州制。熱心に議論されたが、いつしか話題にされなくなった。繰り返されてきた地方重視の論議は、時の政権によるガス抜きでしかなかったか。

▼「ふるさと創生」の1億円が全国の市町村に一律配布されたのは、竹下内閣当時の1988(昭和63)―89年。各自治体が使い道に知恵を絞った。ばらまき行政との批判もあったが、国によるその後の検証は行われていない。

▼そして「地方創生」。安倍内閣は最重要課題に掲げ、「東京圏への人口の過度の集中を是正」すべく「地方の声に徹底的に耳を傾ける」という。

▼急速に進む人口減少や高齢化で、存続が危ぶまれる自治体は少なくない。中山間地の多い本県では深刻だ。地方活性化のラストチャンス。もう中央のご都合主義は願い下げにしたい。

2014・11・2

来年は戦後70年。昭和から平成へ、私たちはどう生きてきたか。敗戦の混乱からの復興、高度成長期、バブル崩壊、そして東日本大震災と福島第1原発事故。その道のりは決して平たんではなかった。
▼本紙に連載した長瀬千年さんの自伝的エッセー『我々の昭和町』が出版された。長瀬さんは戦後復興期を岐阜市で過ごした。昭和町商店街の人々や家族の中で成長する姿が生き生きと描かれている。
▼共同通信社が創刊した「ザ・クロニクル戦後日本の70年」は、同社と加盟新聞社が所蔵する報道写真でたどる年代記。全14巻のうち第1巻（1945～49年）と第4巻（1960～64年）、続いて第2巻（1950～54年）が発売された。
▼「1枚の写真の持つ表現力は、ときとして文章をはるかにこえる力を発揮する」。五木寛之さんは巻頭言で書いているが、まさに至言だ。
▼貧しくても活気に満ちた「三丁目の夕日」だけが戦後ではない。政治に翻弄《ほんろう》され、重大な事件や事故が多発したことがよく分かる。
▼本社は飛騨川バス転落事故や9・12豪雨災害の写真を提供し、順次収録の予定。他にも膨大な写真を所蔵している。県民の喜びや悲しみを写した一こま一こまをつづり、岐阜の戦後70年を浮かび上がらせる機会をつくりたい。

2014・11・4

秋が深まってきた。晩秋を感じさせる催しや花鳥風月のスケッチが、本紙でも連日紹介されている。一昨日は立冬。岐阜市本郷町のケヤキ並木のカラー写真が夕刊紙面を飾った。今年は冬の訪れが早そうだ。

▼紅葉も各地で見ごろを迎えつつある。岐阜市内ではハナミズキが赤く染まり、すっかり葉を落とした木さえある。近郊の里山では背の高いカエデの木々が黄緑、黄、赤、紅など七色の変化を見せる。秋の陽光を浴びて輝くさまは絶景だ。

▼それなのに電車やバスの車内では、うつむいてスマートフォンやタブレットの画面に向かう人が多い。公園のベンチや街角の喫茶店でもそうだ。色づく街路樹や里に下りてきた野鳥たちには、ほとんど目もくれない。

▼「深い森の中で大木が倒れても、誰もその音を聞く人がいなければ、その木は存在していたことになるのか」。有名な哲学的命題を思い出す。

▼「書を捨てよ、街に出よう」と言ったのは、詩人で劇作家の寺山修司。1970年前後の揺れ動く社会を、実際に自分の目で見ようと呼び掛けた。今なら書ではなく、さしずめスマホなどの端末に置き換えられるか。

▼視線を上げて、季節の移ろいに目を向けてみよう。それは確かに私たちの目の前にあるのだから。

――2014・11・9――

試合終了を告げるホイッスルが鳴った瞬間、鳥肌が立った。ホームでの最終戦を飾ったFC岐阜。来季のJ1昇格をすでに決めている松本山雅FCを相手に、3―1の快勝だった。

▼スタンドは緑一色で埋まった。とはいっても、チームカラーがよく似た松本山雅の大応援団に圧倒され、どちらのホームゲームか分からないほど。残念ながら勢いの差を思い知らされた。

▼ゲームを動かしたのは、前半早々に交代せざるを得なかった深谷選手かもしれない。大分から今季移籍したが故障に泣き、これまで2試合の出場にとどまっていた。まだ完治していなかったのか、悔し涙を流しながらピッチを去った。

▼その思いを受け継ぐかのように、選手たちは攻め上がった。目下5連敗中のチームとは思えないはつらつとした動き。難波選手が、ナザリト選手が、宮沢選手が次々にゴールを決めた。

▼正直、予想外の見事な勝利だった。今季はアウェーでの1戦を残すのみだが、この勢いで来季こそと感じさせた。岐阜の底力を見た思いだ。

▼久しくスタジアムに足を運んでいなかったわが身を恥じる。やはりスポーツ観戦はライブがいちばん。偉そうなことは言えないが、アウェーの応援に負けないように、もっと足を運ぼうよ。

――2014・11・16

高倉健さんの訃報を受けて、追悼の動きが広がっている。まず思い出すのは東映時代の「健さん」。60年安保と70年安保のはざまで輝きを放った。「網走番外地」や、「日本侠客伝《きょうかく》」「昭和残侠伝」などの任侠シリーズだ。

▼ヒロインの藤純子さん（当時の芸名）の窮地を救うため、悪玉の親分率いる組織に殴り込みをかける。人情より義理が重たい世界。耐えに耐えた末の怒りを爆発させる。

▼1970年前後は社会の不条理に対する反抗の時代。全共闘世代の若者たちは、オールナイトの映画館などで「健さん！」「異議なし」と声を掛けたという。

▼「日本侠客伝」などに関わったプロデューサーの日下部五朗さん（下呂市出身）に話を聞いたことがある。健さんは女性に対してストイックなイメージを保とうと、常に注意を払っていたという。人間らしさを感じてほっとした。

▼「幸福の黄色いハンカチ」あたりから国民的スターになった。不器用で寡黙な役柄は、東映を離れてからも変わらなかった。渋みを増し、歩んできた年輪を感じさせた。

▼殴り込みの道行きに、「お供します」と並んで歩き始める池辺良さん。当時の学生が掲げた言葉がだぶる。「連帯を求めて孤立を恐れず」。健さんと共に歩めた時代を思う。

――2014・11・21

春が来た、夏が来た、とは言っても、冬が来た、とはあまり言わない。たぶん待たれていないからだろう。秋が来たと言わないのは、いつ来たかはっきりしないからか。これは余談。

▼「旅人と　我が名呼ばれん　初しぐれ」（芭蕉）。飛騨や奥美濃の山々は山頂から白い雪化粧を始めた。11月は1週間ほど残っているが、日々の気ぜわしさは増すばかり。もはや気分は師走だ。

▼衆院解散から総選挙公示まで、日本全体が奇妙な空白期間に入った。センセイ方は文字通り地元を走り回っているだろうが、政治や外交は停滞を余儀なくされている。

▼消費税増税延期の是非を問う選挙なのか。日々の暮らしにとっては、税は上がらない方がいいに決まっている。先送りしておいて国民に信を問うという手法はいかがなものか。

▼それならば公約になかった特定秘密保護法や集団的自衛権行使容認の際にこそ、信を問うべきではなかったか。党利党略というより、自身にとっての打算優先が見えてしまう。

▼とはいえ大義なき解散と言う段階は過ぎた。秘密保護法や集団的自衛権だけでなく、アベノミクスや原発再稼働など国の根幹に関わる問題に対して意思表示する好機と考えよう。国の行方を左右する年の瀬になりそうだ。

―2014・11・23―

キーボードで「分水嶺」と打ったつもりが、パソコンの画面上には「無粋例」と表示されていた。どうやら「N」が打てていなかったらしい。

▼その昔、新聞用の鉛活字を1本ずつ手で拾っていた時代には、1字だけ誤字になることが多かった。例えば「分木嶺」といった具合だ。記者の書き間違いで「分水領」になることもあった。

▼搭載された日本語入力ソフトは、パソコンより携帯やスマートフォンのほうが賢く感じる。「BU」と打った段階で、2度目からは「分水嶺」が変換候補の先頭にくる。ネットからも情報収集して予測変換する。

▼記者用ワープロではこうはいかない。文脈を考えろよと、イライラさせられる。「戦闘にくる」ではなく「先頭」に決まっている。誤変換しないよう、語句をしっかり入力して選択する設定になっている。

▼若者の活字離れが進んでいるとよく言われる。年賀状が年々減っているのも若者のせいにされる。けれどスマホを使いこなす若い世代ほど、思考の流れに沿ってスムーズに表現することができそうだ。

▼メールやメッセージ、さらにラインやツイッターなどのやりとりのスピードに、中高年はついていけない。文章表現力では若者に一日の長がある時代…かもしれない。

―― 2014・11・30

信じられない思いだ。高倉健さんの訃報に接してからわずか2週間余りで、菅原文太さんも逝ってしまうとは。共演こそわずかだったが、重なる時期に東映映画のみならず日本映画をけん引した2人だった。

▼1970年代以降、「仁義なき戦い」「トラック野郎」の2大シリーズが大ヒットし、国民的人気俳優となった文太さん。それ以前に、渚まゆみさんらと共演した「人斬り与太」の残酷さと切なさも忘れ難い。

▼「仁義なき戦い」は多くの名台詞で記憶に残る。松方弘樹さん演じる兄弟分の葬儀に現れた文太さん。暗殺を命じた金子信雄さんの山守親分に対して、「弾はまだ一発残っとるがよう」。観客を鼓舞し元気付けた。

▼先月の沖縄県知事選では、翁長《おなが》氏の応援演説を買って出た。政治の役割で最も大切なのは、絶対に戦争をしないことだと強調した。

▼さらに「裏切りもんの山守ならぬ仲井真さん」と語り掛け、あの名台詞を引用。「沖縄の人々を裏切り、辺野古を売り渡した」と痛烈に批判し喝采を浴びた。

▼それから1カ月もたたないうちの死。高山市清見町に住んでいた頃、「ここにいると本来の居場所に帰ってきた気がする」と話していた文太さん。反骨心を最後まで持ち続けて、自然に帰った。

2014・12・2

落語には年の瀬を舞台にした演目が多い。「芝浜」「富久」「文七元結《もっとい》」など、人情噺《ばなし》の大ネタがめじろ押し。中でもたっぷり笑わせてくれるのは「掛け取り」だろう。

▼長屋住まいの八五郎夫婦のところに、たまったツケを取り立てにくる掛け取りたち。一計を案じた八五郎。彼らの好きな芸事で断りを入れ、気分よく帰ってもらおうとする。

▼狂歌、芝居、義太夫、三河万歳などでの問答がおかしい。演者はこれら諸芸に通じる芸達者でなければならない。当代一の美声を誇る柳亭市馬さんは、三橋美智也さん好きの掛け取りを登場させ、メドレーを披露して客を沸かせる。

▼師走選挙もそろそろ佳境に入る。アベノミクスの成果を誇示する安倍首相だが、他にも問いたいことはある。安全保障や憲法、原発・エネルギー政策などは国の根幹に関わる。

▼これらの諸問題に街頭演説や政見放送でほとんど触れないのはなぜか。アベノミクスにしても、恩恵が及んでいないとの地方の不満は強い。言いたいことばかり強調せず、相手のことを考えてのやり取りはできないか。

▼市馬さんの「掛け取り」を聞かないと年が越せないというファンは多い。芸道も政道も独りよがりは禁物。納得ずくで明るい新年を迎えたいものだ。

——2014・12・7

素晴らしいスピーチだった。史上最年少でノーベル平和賞を受賞したパキスタンの少女マララ・ユスフザイさん。「私は学校に行けない6600万人の少女なのです」。オスロの授賞式会場に世界各地の現実が広がり、聴く人々の胸を打った。

▼「銃を渡すことはとても簡単なのに、なぜ本を与えるのはそれほど大変なのか。戦車を造るのは極めて易しいのに、なぜ学校を建てるのはそんなに難しいのか」。とても17歳とは思えない堂々とした呼び掛けだった。

▼それに比べて、とあえて言う。今回の総選挙での各党の訴えは、なぜ一向に心に響いてこなかったのか。

▼最大野党の民主は、県内では2選挙区で候補を立てられなかった。第三極にも前回の勢いがなく、野党側の準備不足、迫力不足は否めなかった。どのマスコミも序盤から自民圧勝の情勢を伝えて、有権者の諦めムードに拍車が掛かった。

▼与野党ともに、アベノミクスへの賛否を全面に出しての選挙戦に終始した。景気回復は国民誰もが願うこと。けれど経済だけで世界が成り立っているわけではない。カネがすべてではない。

▼憲法、外交、原発再稼働など、私たちは岐路に立たされている。子どもたちの未来に対して責任がある。さあ、投票に行こう。

2014・12・14

高山市出身の作家・米澤穂信さんのミステリー短編集『満願』（新潮社刊）が話題を呼んでいる。週刊文春のベスト10で1位に選ばれるなど、今年の国内ミステリー三冠に輝いた。

▼収録された6編とも事件の裏に隠された真実があり、人の心の闇の深さを知らされる。同作で山本周五郎賞も受賞。さらなる飛躍が期待される。

▼近年の県関係作家の活躍は驚異だ。直木賞作家の奥田英朗さん、池井戸潤さん、朝井リョウさんや、岩井三四二さん、冲方丁さんらを輩出。純文学では芥川賞の堀江敏幸さんや、中村航さん、田口賢司さんら。なぜこれほど多いのか。

▼創立80周年の岐阜県図書館に県ゆかりの作家コーナーが設けられている。明治から昭和にかけても島崎藤村、森田草平、江馬修、滝井孝作、早船ちよ、小島信夫、豊田穣の各氏らが並ぶ。今に始まったことではなさそうだ。

▼江戸時代、小藩や天領に細分化されていた本県は、明治維新の蚊帳の外に置かれた。それが尾を引いたのか、政治の分野では現在まで総理大臣を出していない。

▼対照的に実業界には大物がいた。同様に文学にも人材が流れ、現在に至ったのではないか。当選したばかりの先生方には失礼かもしれないが、作家輩出の理由は案外そんなことでは。

――2014・12・16

第三章

余談閑談

昭和30年代前半の岐阜市。物心ついたころを思い出してみる。生まれたのは長良北部の山沿い。チンチン電車の軌道が南北に伸びていた。並行する高富街道には荷馬車が行き来し、材木を北の山間部から運んできた。街道沿いには、八百屋、豆腐屋、酒屋、駄菓子屋、床屋、自転車屋などの商店が軒を連ね、瓦を焼くかまどがいくつも煙を上げていた。近隣の農家の庭には鶏やヤギが飼われ、馬小屋もあった。

▼厳重に戸締りをした家の中で、強まる風雨の音に息を殺していたのは、伊勢湾台風の記憶。初めての遠出は、町内ごとの子供みこし。長良橋を渡って伊奈波神社までの道のりは長かった。金華山ロープウエー、水道山にあったロマンスリフトに乗ったのもその頃。世界が広がった。

▼「岐阜に行く」。当時の大人たちは、街に出ることをそう言った。柳ケ瀬に行くことほぼ同じ意味だった。よそ行きの服を着て、親たちからはぐれないように人混みを歩く。お昼の楽しみは丸物デパートのお子様ランチ。ケチャップライスの上に立てられた旗は、日の丸ではなかった気がする。

▼岐阜市の百二十年を振り返ることは、ただのノスタルジーではない。明治・大正・昭和の風雪を経てこの街があり、生きている人々がいる。自分がいる。もう一度、わが街・岐阜市を考えてみたい。

——2009・3・26

柳ケ瀬に行こう。アーケードをくぐると、往来は人の波。みんな浮き浮き楽しそうで、こちらの気分も華やいでくる。まずデパートでウインドーショッピング。お昼は洋食、天ぷら、寿司、鰻、中華、お好み焼き、何でもある。大きな本屋で新刊書を買い、名曲喫茶で一服。夜はお父さんたちが居酒屋、キャバレー、バーへと繰り出す。そして何より、映画館がいくつもある。暗がりの椅子に身を沈めれば、銀幕に夢の世界が広がる。柳ケ瀬はそんな街だった。

▼何十年かの時が過ぎた。櫛の歯の抜けるように、シャッターを下ろした商店。映画館も減った。夜のネオンの灯らない小路も。「さびれた。人がいなくなった」「魅力がなくなった」。往時を知る人は、口々にそう言う。

▼「ここまで来たら、上を向くしかない」。岐阜柳ケ瀬商店街振興組合連合会（柳商連）理事長の辻英二さんは諦めていない。岐阜市商店街振興組合連合会（市商連）、岐阜青年会議所と、七月に「岐阜どまんなか祭り」を計画している。三団体がスクラムを組んでのイベントは初めて。「街が大好き。テーマを持った街づくりで、柳ケ瀬をアピールしたい」と力を込める。

▼昼ご飯を毎日、柳ケ瀬で食べようと思い立った。亡くなった父の好きだったうなぎ屋は、代替わりしたが健在だった。何十年ぶりかで入る味噌カツの店。懐かしい味。安くておいしい店がそこかしこにある。毎日違う店に入っても回りきれず、飽きない。みんな、柳ケ瀬に行こう。

――2009・4・21

戦後間もない岐阜駅前や北部郊外を写した約三百枚の写真。時事通信社記者だった大野修一さん＝1953年死去＝が残した貴重な資料だ。今回の「思い出写真館」で掲載したのは、その中から選りすぐった八枚。物資不足の中、明るい人々の表情が胸を打つ。

▼ご子息で時事通信社元編集局次長の大野博良さん（60）＝岐阜市出身、東京都練馬区在住＝が、ネガを本社東京支社に持ち込んだのは昨年春のこと。場所の特定作業や専門家への補強取材を経て、そのうちの二枚を使った記事が朝刊社会面に掲載された。

▼夫修一さんを亡くした後、母操さん＝1998年死去＝は、博良さんを連れて再婚。その際、修一さんの遺品は処分したという。操さんと養父の死後、博良さんが実家階段下の物置から包みを見付けた。開いてみると、きちんとファイルされた家族や風景写真のネガだった。これだけは亡き前夫の思い出にと、捨てずに物置に忍ばせておいたのだろう、と博良さん。聞くことのなかった母の心情を思いやった。

▼この話には余談がある。当時東京支社勤務だった筆者は、大野さんから話を聞くうちに気が付いた。岐阜高等女学校に学んだという母操さんは、筆者の母と同窓で、年齢も同じ。岐阜市在住の母に電話すると、確かに同じ学年で、覚えているという。

▼戦中戦後の厳しい時代、岐阜の学び舎で共通の時間を過ごした女学生の子同士が、六十余年の時を隔てて東京で出会い、発見された写真を一緒に見ている。不思議な縁に身震いがした。写真を紙面で特集することができ、ようやくほっとしている。

2009・5・26

4号目となるこの特集だが、予想外の反響に驚いている。2号掲載の思い出写真館「柳ケ瀬、あの日」には、「涙を拭いながら見入った。もしやと思い、虫眼鏡で人波の写真の中に母の姿を探した」(72歳男性)との手紙をいただいた。

▼多かったのは、前号のぎふ人物伝「岐商球児、戦火に散る」について。1943(昭和18)年10月16日、「最後の早慶戦」に3番レフトで出場した近藤清さんは、特攻隊員として沖縄戦で24年の短い生涯を終えている。

▼映画「最後の早慶戦　ラスト・ゲーム」を見たという読者から「遺族はいらっしゃいますか」「お墓はどこに」などの問い合わせが入った。調べると近藤さんの親族は健在で、岐阜市内で有名料理店を営んでいる。別の甥の幸義さんは、資料持参で社を訪ねて下さった。お墓は上加納山にあり、墓前に記念の石碑を建てる計画があるという。

▼早速読者に返答の電話を入れると、筆者が駆け出し記者時代に担当していた警察署の当時の署長だと分かった。思わぬ〝再会〟。さらに、戦死した別の球児の甥が、最近まで岐阜放送に在籍していたことも判明。灯台もと暗し、とはこのこと。

▼「縁」と書いて「えにし」と読ませる言い方は好きではないが、血縁、地縁、学校の縁などが糸のように絡み合い、ほぐれて広がっていく。あす120回目の誕生日を迎える岐阜市は、そんな街だと改めて実感している。

2009・6・30

今年の鵜飼開き前日の夕刻。長良橋上手の右岸に、机と椅子を持ち出しての小宴。暮れてゆく風景を眺め、明日からの賑わいを想像しながら杯を傾けていると、哀調を帯びた鳴き声が川面を渡ってきた。▼確かに、カジカガエル。「フィー、フィー」などと表記され、ヒグラシにも似て「もののあはれ」を感じさせる澄んだ声。初夏の風物詩として、古来から珍重され親しまれてきた。近年は生息数減少が懸念され、生息地によっては国や自治体の天然記念物に指定されている。県内では飛驒、郡上など山間部の渓流にしか住まないと思い込んでいたため、思わぬ遭遇に驚いた。▼調べてみると、「民謡『岐阜はよいとこ金華山の麓、小田のかわずが寝て聞ける』の小田のかわずは、カジカガエルをさす」(『長良川の生物』昭和32年、岐阜県発行)とある。さらに「岐阜市でとくにその美声がきけるのは鵜飼の開始される5月中旬ごろで、この地方ではそれが生物暦の一つになっている」(同)。聞いた鳴き声とぴったり符号する。▼民謡とは「おばば」。この地方の代表的な民謡として、めでたい席などで歌い継がれてきた。大正期に手を加えられた「おばば(岐阜音頭)」には、鵜飼も出てくる。「鵜船来る来る操る手縄 見ゆる鵜匠のササ腕の冴え」(「岐阜民謡集」昭和62年、日本大衆音楽文化協会発行)。▼加藤栄三・東一両画伯が好んで描いた長良川鵜飼。伝統漁法が連綿と続けられてきた清流で、小さなカエルの美しい鳴き声をいつまでも聞きたい。

2009・7・18

幕末から明治維新にかけての激動期に、岐阜は歴史の表舞台に立つ人物をほとんど出していない。そのときたまったエネルギーを放出するかのように、明治中期以降は、実業界に人材を輩出した。

▼今回「ぎふ人物伝」で取り上げた各務鎌吉と平生釟三郎をはじめ、王子製紙再建などで知られる郷誠之助（岐阜市出身）、鐘紡を築き上げた武藤山治（海津市）、横浜の豪商で日本画壇のパトロン原三渓（岐阜市）ら。いずれも1865（慶応元）―68年（明治元）の数年内に生まれている。

▼小島直記の小説『東京海上ロンドン支店』（新潮社）は、各務と平生の2人が主人公。結束して東京海上の危機を救い、隆盛の礎を築いた軌跡を描いている近代日本の発展過程と重なり合い、興味深い。終盤には武藤山治も登場する。

▼相前後して岐阜に生まれ、同じ東京高商（現一橋大）を経て東京海上に入り、友情で結ばれるという不思議な縁を、各務と平生はどう感じていたか。そして故郷岐阜をどう思っていたか。小説では触れられていないのが残念。

▼ときに確執が生まれても仲直りし、40年の歳月をともに歩んだ2人は、最終的に離反し、別々の道を行く。会社組織など実社会ではありがちな、苦い結末。それでも著者は、最晩年に和解していた可能性を示すことで、物語を終えている。

2009・8・1

鉄道関係に比べて、バスに関する資料、出版物は驚くほど少ない。進まぬ探索に苛立ちを感じていると、濃飛乗合から「昔の資料が出てきた」との朗報が入り、早速高山へ。「バス事業創立関係綴《つづり》」と題されたとじ込みには、会社設立趣意書、記念写真、路線図、時刻表や運賃表などが残されていた。

▼ホロを開けたクラシックカーの写真を見て、鳥肌が立った。岐阜―高山間を初めて乗合自動車として走ったローレライ。開業から約1年半後の大正3年初秋、長良川沿いを試運転したとき写されている。県内のバス創業期に関する文献に当たってきたが、この写真は使われていない。1世紀近い眠りから覚めて、初めて世に出るのではないか。

▼岐阜乗合でも、貴重な資料を借りた。戦時統合で12のバス事業者により設立された同社だが、統合前の各社の沿革が写真付きで丁寧にスクラップされている。30周年、50周年には充実した社史がまとめられているが、こうした資料があればこそだろう。写真の一部を次号でも紹介したい。

▼秋田屋本店には、大正から昭和にかけて出された「秋田屋商報」が保存されていた。新聞のスタイルで、写真もふんだんに使用。近代養蜂先進地・岐阜の活気が紙面から伝わってくる。

▼今回の特集は、こうした往時の写真や資料なしには成り立たなかった。その会社の歴史だけでなく、岐阜の近・現代史の貴重な資料だ。当時の、そして歴代の各社関係者に、改めて感謝と敬意を表したい。

―――――――2009・8・25

怪奇と幻想の作家・夢野久作の小説『山羊鬚編集長』に、こんなくだりがある。「どんな小さな都会でも新聞記事が無ければ停車場に行くに限る。アトは眼と頭だ。それから足だ」。主人公は東京にいられなくなり、福岡の地方新聞社に就職口を求めた記者。博多駅構内をぶらぶらするうち、改札口を見張る刑事と怪しい男を見付ける。▼事件に遭遇しないまでも、降り立ち、旅立ってゆく人々を眺めれば、様々な人間模様を垣間見ることができる。作家になる前、地方紙の記者だった夢野にとって、駅はニュースのネタを拾える、魅力的な場所だったようだ。▼「就職列車に　ゆられて着いた　遠いあの夜を　思い出す　上野は俺らの　心の駅だ」。地方の中卒者が「金の卵」と呼ばれた高度成長の時代。井沢八郎の歌う「あゝ上野駅」は、故郷を離れて大都会で暮らす集団就職者の心情を捉え、愛唱歌となった。▼そのころ岐阜駅には、主に九州からの少年少女が降り立ち、紡績工場の関係者らに出迎えられた。親元を離れ、住み込みで働く日々の始まり。見知らぬ土地での慣れない仕事。休日の安らぎや楽しみの場を求めて盛り場へ。当時の柳ケ瀬の繁盛には、彼ら彼女らも一端を担っていただろう。▼明日、JR岐阜駅北口駅前広場は生まれ変わる。斎藤氏に代わって美濃の支配者となった織田信長の金色に輝く像がお披露目され、周囲を睥睨《へいげい》する。新しい岐阜市の表玄関は、乗降客にはどんな顔に映るのだろうか。

──2009・9・25

読者の皆さんから、この「岐阜市120年記念新聞」への意見や要望を数多くいただき、励みになっている。いつも「思い出写真館」への感想を、自身の体験と重ね合わせて送って下さる岐阜市の沖山弘次さんは、昭和30年代半ばにバス会社で添乗員の仕事をしていたという。その体験談が興味深い。

▼伊勢湾台風の直後、予約客のたっての要望で三重・御在所岳へのバスツアーを決行。名古屋を経て桑名へ向かう国道1号をノロノロ運転で走ったが、車窓に映るのは、ただ一面の泥海。道路保守のため土塁構築作業に当たる人たちに心の中で詫びながら、案内放送も忘れてぼう然と見つめるばかりだった。ようやくたどり着いた御在所山頂は別世界。紅葉が始まり、インド人の一行が絶景に興奮してはしゃいでいたという。

▼中津川市の柴田弘明さんからは「戦前、戦後のある日の様子を地域ごとに掲載」「県内各地の地場産業の初期の様子を紹介」などの提案をいただいた。「写真の1枚1枚によって、単なる郷愁だけでなく、当時の生活ぶりが思い出される。戦前、戦後の厳しい生活をくぐり抜けてこられた方々にとっては、大きな支えとなって、これからの生きる勇気も倍増するのでは」と。望外の言葉に感激し、身の引き締まる思いがする。

▼「120年新聞」は、年内終了の予定で、残すところあと数号。いただいた貴重な声を、この特集だけでなく、今後の企画にも生かしていきたい。

――2009・10・28

もう5年、いや、せめて3年早かったらとの思いが募る。今回特集した社会人野球の取材は、これまでになく難しかった。戦後も64年が過ぎ、多くの選手や関係者がこの世にいない。

▼大日本土木在籍者では、戦前の岐阜商黄金時代のメンバーで、県球界の生き字引的存在だった中野鍵一さんと奥村辰一さんが、2006(平成18)年に相次いで亡くなっている。川島紡績出身では、毎日オリオンズ(現ロッテ)ミサイル打線の強打者山内一弘さんが今年2月に死去した。

▼大日本土木から中日ドラゴンズ入りした俊足の二塁手国枝利通さんや、主将兼監督だった故村瀬保夫さんの夫人、川島紡績監督も務めた森武雄さんらには、高齢や体調がすぐれないなどの理由で話を聞くことができなかった。

▼野球王国・岐阜の栄光は、ほとんど岐阜商を中心に語られる。戦前戦後の輝かしい戦績から当然のことだろう。けれど、戦後すぐの都市対抗野球での大日本土木の二連覇や川島紡績の奮戦ぶりは、忘れられ過ぎていないか。ただ一度晴れ舞台を踏み、会社がすぐになくなった東洋産業については、資料さえほとんど見付けられなかった。もはや手遅れかもしれないが、学生、社会人を問わず、草創期からの「岐阜の野球史」編さんが望まれる。

▼今回の特集では、家族や会社関係、岐阜商OBの方々に話を聞き、資料や写真を多数提供いただいた。時間の壁、記憶の空白を埋めるようにして、何とか紙面にできた。忘れられかけた歴史のひとコマを、かろうじて残し、アピールすることは出来ただろうか。

2009・11・13

この「岐阜市120年記念新聞」も次号で最終回。リストアップしたが結局見送りとなった企画も多い。中には泣く泣くボツにしたものも。いくつか挙げてみよう。

▼トップ記事では「大空への夢―岐阜飛行機事始」。岐阜の空を初めて飛行機が飛んだのは1914（大正3）年のこと。昭和初期、鷺山の長良川河川敷に飛行学校があったことも忘れられている。以下タイトルのみ挙げると「幻の金華山焼」「金津遊郭の女たち」など。

▼人物伝では「平野増吉と長良橋事件」。現長良橋の取付道路をめぐる住民の立ち退き反対運動の先頭に立ったのは、「岐阜の三頑固」の1人・平野だった。続いて「岐阜の恋人たち」。〝定番〟の川端康成のほか、筆者道下さんが長年温めてきたという某作家の母親の恋の話。ほとんど語られる機会のない「岐阜軍人列伝」も読みたかった。

▼「思い出写真館」では「岐阜版三丁目の夕日」。貧しくても希望に満ちていた昭和30年代の日々。それに続く「高度成長の光と影」。いまの中高年が懐かしむのはそんな時代では。とっておきは「もう一度行きたい、味わいたい」。例えば衆楽70ミリ劇場で映画を見て、ひろせでトンカツを食べ、G線で名曲を聴きながらコーヒーを飲む。二度とかなわぬそんな一日を当時の写真で再現する。ただし写真を探すのは大変だろう。

▼これらの企画がいつか陽の目を見ることもあるかもしれない。ボツとは言わず、お蔵入りとして、その日までじっくりと寝かせておきたい。

2009・11・25

天才アラーキーと呼ばれ、過激なヌード写真などでセンセーショナルな面が強調されがちな写真家荒木経惟は、1964（昭和39）年『さっちん』で第1回太陽賞を受賞し、世に出ている。東京の団地で暮らす子供たちの日常が生き生きと捉えられ、屈託のない笑顔が印象的だ。
▼戦前から高度成長期に日本中を旅した民俗学者の宮本常一は、農山漁村の人々の暮らしぶりの膨大な記録を残した。県内には郡上市石徹白などに足跡がある。今年、メモ代わりに撮った写真の一部が『宮本常一が撮った昭和の情景』としてまとめられるなど、再評価の機運が高まっている。
▼そして「カメラばあちゃん」こと増山たづ子に触れないわけにはいかない。ダムに沈んだ旧徳山村の日常を撮り続け、残した写真は8万枚に及ぶという。コボたち（子供たちを指す徳山の方言）を撮ったものも多い。
▼荒木、宮本、増山の3人の写真に共通するのは無名の人々への視点の低さ、眼差しの温かさ。平成に生きる私たちがいつのまにか失くしてしまった風景や思いが甦る。
▼それはこの記念新聞の執筆・監修者である道下さんの写真にも共通する。今回「思い出写真館」で取り上げたのは戦後の岐阜の子供たち。「道三塚にて」「路上の母子」の2枚が道下さんの撮影。子供たちへの愛情が伝わってくる。
▼特に母親の傍らの路上で眠っていた子供たちのことを思い出すと、道下さんは今も涙をこらえられないという。この子たちが半世紀余の星霜を経て、きょう幸せなクリスマスを迎えていることを祈りながら、この記念新聞を終えたい。ご愛読ありがとうございました。
――2009・12・25

あとがき

新聞社に入社してしばらくの間、岐阜が嫌いだった。生まれ育った故郷でありながら、何かどんよりとした、なれ合いのような街に思えてならなかった。

学生時代を過ごした東京に戻りたいとの思いを、心のどこかに隠し持っていた。青年期にありがちな現実逃避に過ぎなかったかもしれない。結婚して子どもが生まれ、紙面編集の仕事が面白くなるにつれて、いつしか上京願望は色あせていった。

そして35年余が過ぎたいま、改めて自問してみる。自分は岐阜が好きなのだろうか、と。

2010（平成22）年から12年の3年間、編集局長の職にあったが、2年目から署名コラム「口笛」を毎週土曜日付に連載した。2013年から14年末までは論説委員長を務め、朝刊1面下の無署名コラム「分水嶺」の主に日曜日付を担当した。付録のような形で収録した「余談閑談」は、広告局長だった2009年に作った「岐阜市120年」を振り返る往時の新聞スタイルの紙面に、月1回ペースで書いた。いわばコラムの真似事だ。

いずれも岐阜関連の時事ネタや話題を取り上げるよう心掛けてきた。海外や国内の重大ニュースは岐阜と絡めて、読者に面白く読んでもらうことを念頭に置いた。

いま、本にするためのゲラを読み返してみると、岐阜と関連付けたいあまり、いささか強引なこじつけもある。落語、歌舞伎、映画、競馬など趣味の話題が多すぎる感がある。冷や汗のようなものが流れ、部分的にでも書き直したい誘惑に駆られるが、誤認などの個所を除いては出来る限り新聞掲載時のままにした。

岐阜を考える上での縦軸となったのは、コラムに何度か登場する旧高根村（高山市）と岐阜市柳ケ瀬だろう。過疎高齢化や空洞化の進む二つの地域を2人の女性記者が同時取材する企画「トンネルの向こう　限界からの地域再生」を、編集局長時代の2009年暮れから10年にかけて長期連載したが、東日本大震災の発生で当初の構想通りにはいかなかった。いまも心残りになっている。そして郡上の奥から美濃平野部へと流れ下る長良川とつながりの深い白山信仰も、自分にとっての大きなテーマだった。これは長瀧白山神社宮司の若宮多門さん寄稿による連載「いま、神々に学ぶ　白山文化通信」として結実している。

２０１１年から１４年は、東日本大震災が発生し、民主党政権の崩壊を経て第２次安倍政権による右傾化が始まった時代。後年、この本を手に取る人がいれば、岐阜の一新聞記者がその時代に何を感じてどう書いたか、何かの参考になればと願っている。

連載中は読者、知人、同僚ら多くの皆さんから感想や励ましをいただいた。いつも第一読者として真っ先に感想を言ってくれた妻が、還暦の記念にと出版を強く勧めてくれた。快く協力してくれた家族、親族にも感謝したい。

筆者略歴

山本　耕（やまもと・こう）

1955（昭和30）年岐阜市生まれ。1979年に岐阜新聞社入社。主に編集整理畑を歩む。整理部長、報道本部長、東京支社長、広告局長、編集局長、論説委員長などを歴任。現在は常務取締役。岐阜新聞高速印刷代表取締役も兼務。

口笛と分水嶺

発行日　2015年8月18日

著　者　山本　耕

編　集　堀　雅雄

発　行　岐阜新聞社

発　売　岐阜新聞情報センター（出版室）

岐阜市今沢町12　岐阜新聞社別館4F

TEL 058-264-1620

印　刷　岐阜新聞高速印刷株式会社

JASRAC出1508996-501

ISBN　978-4-87797-218-9